运营

operation driven

驱动

律所发展
与律师成长

董冬冬 著

中国法制出版社

CHINA LEGAL PUBLISHING HOUSE

本书献给瀛和律师十周年

腹有理论人自信

冬冬让我为他的新作《运营驱动：律所发展与律师成长》写序，刚开始甚感为难，因为我的专业不是法律，对律师事务所一类的组织也不熟悉。但是碍于冬冬是我们 EMBA（高级管理人员工商管理硕士）的校友，尤其是平常在和他比较多的交往中，深切地体会到我们的理念以及分析、判断事物的方法很是相近，就接收了他发给我的新书稿，计划先试读一些片段，如果读得有体会就记录下来作为推荐序，反之就再谢辞。

然而，当我打开书稿，看了两段就决定要写这篇序了。第一段冬冬摘录了比尔·盖茨的《前方之路》一书中的一段话，第二段他提到了读彼得·德鲁克的《卓有成效的管理者》一书使他印象深刻的一句话。为什么看到这两段就决定要写这篇序了呢？因为冬冬在他这个年龄和领域中，可以称得上是成功者了，而我先前读一些成功人士出版的书籍时，开篇一般都是写自己总结提炼出来的经典语句，以表现自己的深邃和远见，不太会在自己写的书开头就为他人抬轿子，让别人误以为自己所取得的成就都是从他人那里学来的。

其实，翻开比尔·盖茨的《前方之路》和彼得·德鲁克的《卓有成效的管理者》两本书，两位不同领域的大师也总是提到他人对自己思想的影响，甚至说某个思想来自中学的某个生物老师，或者小时候的钢琴老师给予的启发，等等。

当然，在这里我不是赞扬成功的人也很谦虚，而是说善于接受他人思想、善于学习各种理论、善于独立思考问题本质的人方有可能脚踏实地一步一步地走向成功，而且会越来越成功。

正是善于学习，独立思考，才有可能不会随大溜、赶热点，更会不仰权威，冬冬在这本书有《我对律师行业的观察和认识：兼回王明夫先生》等两篇是与行业内权威做讨论的，在讨论的内容中可以感受到冬冬系统的思考结论非常有说服力。在实际工作中，一把手身边的人最怕的是领导三天两头改变主意和做法，而当下自媒体非常发达，一些领导就是以读微信群、朋友圈转发的文章、小视频作为学习的途径，看到某一个观点或做法很不错，就赶紧让手下认真学习并贯彻执行，这种碎片化的学习方法带来的也是碎片化的思想，如果还要应用到组织中，那就是折腾了。

冬冬的这本书所收录的内容包含了从不同维度对行业、组织以及人才培养与成长模式做的系统思考，尤其是他把这些思考放在了数字化、国际化等大背景下，提出了智能化、科技化以及区块链与法律服务业的深度耦合等对大趋势的判断。

我非常认同冬冬在这些方面提出的具体观点与应用方法。就拿冬冬在书中对律师事务所是规模化还是小型化所做的讨论举例，有专家认为未来的趋势是小型化，冬冬从组织发展的角度反驳了这种观点。其实也可以从亚当·斯密的分工理论出发，分工越细，效率就越高，但是，按照科斯的交易成本理论，分工越细，交易成本就越高，所以，就出现了企业这类组织。在企业内部交易成本高于外部交易成本的时候，企业的规模就难以增长了，这就是一个企业规模增长的瓶颈所在，但是，通过组织、流程等优化管理是可以降低相关成本的，尤其是在数字化的今天，应用流程透明等策略，一个大规模的组织是既可以具备分工的效率，又可以保持低成本的优势的，即大规模组织内部可以采用更多小型化的机构，大规模与小型化并不矛盾。

所以，借用"腹有诗书气自华"的诗句，我为这篇序起的名字"腹有理论人自信"，也是对冬冬的评价。

提到数字化这个话题，我也建议冬冬在近年可以多加思考数据治理和算法治理的问题，未来法律的算法治理以及算法的法律治理一定都是一个趋势。

写到这里，我也特别赞同冬冬在书中一直强调的"取势、明道、优术"，我在他的书中还体会到了"用器和观风"，他自创业以来一直就非常重视数字化这个"器"，同时，他思考的内容与国家政策等"风"结合得也很紧密。

从这本书中我看到冬冬做事业的思维方式：以道选器，以器助道，以术用器，察势观风，顺势而为。

写完本书的这个序后，就已经期待冬冬的下一本书了！

复旦大学管理学院博士生导师

刘杰

从瀛和看知识服务业的管理

我跟董冬冬是 2011 年的复旦管理学院硕士同学，毕业快十年了，但是我们一直保持着很好的交流与交往，他在上海的两次创业，贯穿了他 30 岁到 40 岁的黄金年龄，我也是见证者之一。

冬冬是律师事务所的管理合伙人，主要任务是负责事务所的运营管理与全国化平台的发展布局，律师行业的管理与我们注册会计师行业颇为相似，作为知识密集型的专业服务机构，我们行业普遍采用合伙人机制进行管理。这对于平台的管理者是一种挑战，冬冬带领的管理团队既要引领事务所的口碑塑造、客户开拓、人才选培、创新发展、财务绩效等方面，又要深谙行业之道，拟定发展战略，还要有极强的对内组织管理运营能力。我相信，这些都是源自冬冬在创业路上始终不停的读书求知和对新事物不懈的探索。

律所是人合性组织，是由思辨能力强、规则意识强的知识分子，为客户提供法律服务构筑的组织体。那么，律所靠什么引领一群高智商、高情商、具有复杂问题解决能力的专家？靠共识精神、契约精神，在合伙人中形成权、责、利、险、能的匹配机制，塑造有竞争力的薪资分配结构，在律所治理上形成议、决、行、监的科学结构。

所以，瀛和总部提出，无兄弟不瀛和、无极致不瀛和、无担当不瀛和。

冬冬特别欣赏彼得·德鲁克的管理理念，管理就是最大限度地激发人的善意与潜能。律所全部工作就是围绕"人"本身展开，是运营与服务，不是管理与控制。

瀛和的创业实践，同时充满着创新，还记得他们创业伊始的 2013 年，我和许惠新同学，跟他们七个创始合伙人聚过一次餐，讨论创业模式。他们坚信科技驱动法律是未来的方向，坚定不移地将"互联网＋法律"基因契入平台基因，以创业者的姿态，完成了法律科技的产业布局，其中 Kindlelaw、法大大跑在电子签约的行业头部，获得腾讯的两轮战略投资，作为同窗好友，我们都为以冬冬为首的创业团队在"互联网＋行业"所取得的亮眼成绩而感到高兴。

运营驱动、科技赋能、全球布局，短短七八年，冬冬带领的团队就构筑了瀛和整体的生态，接下来，团队将在法律产品与服务打磨、技术升级建设、品牌与风险把控、组织建设强化等方面继续提供发展动力与保障，假以时日，瀛和一定会成为行业的创新典范。

今天的世界处于百年未有之大变局，我们专业人士将一起努力，共同谱写中国服务行业新篇章！

安永大中华区硬科技行业中心审计主管合伙人

汤哲辉

同是天涯赶路人

优秀的律师至少具备三种能力：会说，会写，会做。业务做得好、能言善辩的律师很多，同时能写的律师也很多，君不见律师的专业图书，汗牛充栋，数不胜数。

律所的管理者，能说会道的很多，但是会写的却很少。作为规模化律所的创建者、品牌化律所的践行者、新型模式律所的探索者，同时作为一位较为成功的创业者，以自己的亲身实践为素材，将所做所思所想写成一本书的，少之又少，难能可贵。

他就是董冬冬，我的研究生同学，我的好兄弟。

边走、边看、边想、边写，风尘仆仆，一路风雨一路歌，这是我们兄弟俩共同的写照。

同样，他南征北战，参加各种会议，出席各种论坛，上各种学习班，跑各地马拉松，几乎一直在路上，我想的是怎么做案子，他想的是怎么做律所、怎么管理律所、怎么发展律所、怎么协调各种关系，绞尽脑汁，压力山大。何以解忧？唯有写作。所以他在2017年10月出版《谁的青春不热血》，现在又要出版新书《运营驱动：律所发展与律师成长》。

我们都在律所，同为律师，我们做的事情却是两码事。

世上有两种人才：一种是专业型人才，一种是管理型人才。如果说我们都是人才，我属于前者，他属于后者；我是专职律师，他是律所管理人。

目前国内有些大所，如盈科、大成等，多采用管理合伙人制加职业经理人制度。管理者可以是律师，也可以不是，即便有律师执业证，也不能做案子，只能专职做管理，负责律所的整体运营，具体负责人才招聘、专业化建设、品牌宣传、市场开拓、客户管理、财务管理、后勤保障，以及各种会务和接待工作。

人的精力是有限的，只有集中优势兵力，才可以在某一方面有所建树。试想，当你忙着给律所管理人员开会时，法官打过电话来，和你沟通案子；当你忙着接待视察的领导时，客户找过来急着谈案子；当你准备出差参加会议时，法院来传票，要开庭；当你准备出门开庭时，律师们都在办公室门口排队找你说事。这个时候，你分身乏术，怎么办？你不可能说：先等等吧，我忙着呢。你的客户可能就走了，案子可能就黄了。

如果你是做律所管理的人才，在这本书里，你可以找到律所创建的经验，可以找到律所管理的模式，可以找到律所发展的趋势，以及律所的人才战略、品牌化建设、业务创新等整个律所的运营机制。

北京盈科（上海）律师事务所管委会委员

高级合伙人

张刚

截至 2023 年 7 月，中国有超过 3.9 万家律师事务所，也就是说，全国大概有 3.9 万名律师承担了律所的管理责任，被称为"主任"。大部分律所主任都是业务的专家，但其中能把律所做得特别好的并不多。这使得中国大部分律师事务所的人数都在 20 人以内，规模化的非常少。

　　因为管理一家律师事务所并不是容易的事情。律所的人合属性，决定了律师大部分时候是独立作战，整体松散带来的问题，就是管理难度变大。加上管理本身就是一项专业活，大部分律所主任缺乏相关的经验，又无法从具体业务中抽身，也就自然很难做好律所的管理。

　　而董冬冬主任是行业内为数不多的真的把现代公司治理理念、做法成功移植到律所管理上，并事实上推动了律所高效发展的人。不论是早期的上海盈科，还是随后的上海瀛东，到现在的北京瀛和，董主任用自己的方法论，一次又一次地将理论落地实践。

　　我和董主任真正加上微信好友是在 2018 年，但在这之前我已经是他的粉丝。他把自己在律所管理上很多创新的理念、思考发在自媒体上，每次读完，我都深受启发。特别是对于律所股份制改革、内部交易市场这两部分内容的分析和判断，也为新则的发展提供了相当重要的理论支持。

　　所以看这本书里的每一篇文章，我都会有种非常亲切的感觉，因为这里面很多的内容都和新则在做的、在想的事情是一致的——我相信法律服务行业的未来，一定会越来越重视管理的价值；我也非常同意律所的规模化是行业发展的必然方向；我更认可数字化转型对于律所发展的重要性……

只是在这个过程中，律所究竟需要何种制度、采用什么路径，律所主任需要具备哪些能力、改变什么观念，行业内鲜有书籍可以解答上面的一系列问题。因为它太新了，并没有什么现成的路径可以选择，都是前人一步步蹚出来的。

所以我很佩服董主任的开放心态，愿意将上述一系列内容整理出版，并毫无保留地分享自己在管理上的实践经验。从行业宏观观察，到律所管理的微观操作，都提供了非常体系的思路和做法。不论你已经是律所的管理者，还是即将管理律所的团队负责人，相信你都可以在这个过程中获得不一样的启发。

真心推荐每一位律所管理者阅读这本书，也期待董主任未来可以带来更多精彩的作品！

"新则"创始人

余朋铭

目录
Contents

上篇

制度与管理：如何为发展赋能

中篇

团队与业务：人和事的配置

下篇

运营的逻辑

上篇

制度与管理：如何为
发展赋能

一、合伙制与管理

今日世界的律所合伙制

反者道之动，弱者道之用。

——《道德经》

引言

因身处律师行业，且服务于公司治理，我发现一个有趣的潮流，那就是当前公司治理领域，铺天盖地推行股权设计及股权激励，流行事业合伙人制度，而律师行业在组织变革时，却悄悄朝着另一种潮流在走，即"律所的公司制一体化"。这引起了笔者再次探讨合伙制的兴趣，但探讨角度需要更加多元与高维思辨。值得一提的是，我们这里所提的公司制与合伙制不是法律意义上组织形式的有限责任与无限连带责任，而是指内部产权与分配制度。本文会说出合伙制律师事务所的一些痛楚与问题，难免会有自揭伤疤之嫌，引起不适者请提前自避。

律师行业合伙人制度历史逻辑

我们需向不熟悉律师行业内部组织形式的读者，普及一下国内律师行业的合伙制度。要理解合伙人制度，首先需了解律师与律师事务所的关系，根据《中华人民共和国律师法》的规定，取得律师执业资格证的注册律师，能且只能在一家律师事务所执业。而当前的合伙制律师事务所，除了个人律师事务所外，均须采用普通合伙或者特殊的普通合伙形式设立，合伙律师事务所的合伙人按照合伙形式对该律师事务所的债务依法承担责任。

在 20 世纪 90 年代之前，中国当代律师制度是没有合伙人概念的，律师均为国家公务人员，有公务员身份，律师服务机构的律师固定工资、费用支出、咨询收费全挂靠在司法机关、大学或事业机构。后来律师事务所改制后，才开始向西方的合伙制律师事务所靠拢。

也就是说，中国律师合伙制度才推行不过 30 年时间，但就是这短短 30 年的发展，伴随着中国改革开放与和平繁荣，合伙人制度作为上层建筑与制度设计，极大地推动了律师行业的发展。截至 2023 年 7 月，中国律师人数已突破 67.7 万人，律所 3.9 万多家，这个数字没有纵向对比，是没有感觉的。记得邓小平同志在 20 世纪 80 年代提到，中国要有 30 万名律师推动依法治国，那时候全中国的律师人数连现在的零头都不到，其发展可谓突飞猛进。笔者到上海执业时，全上海律师人数不足 1 万名，经过 13 年发展，沪上律师人数已经 34538 人（截至 2023 年 8 月 17 日）。

何谓合伙人制律所与公司制律所？

目前，90% 的中国律师事务所采用合伙制组织架构模式，极少数真正实现了公司化。

表 1　合伙制律所架构模式

项目	合伙人制度	公司制度
产权结构	按份共同共有	按股份比例共有
分配模式	提成＋二次结算	工资＋奖金＋分红
成本 & 费用	合伙人分担	公司支付结算
客户主要来源	律师合伙人	公司
客户实际归属	律师合伙人	公司
运维管理	合伙人兼职	投资及经营分离
知识传承	师徒传承	公司知识体系积累＋培训

从产权结构上看，中国的律所基本上是由合伙人按照人头出资的共同所有产权结构，这就决定了律师事务所基本上是一人一票的决策结构，虽然由此诞生了管委会或执委会机构，但管理也基本上是轮流坐庄，共享共治。

从分配模式上看，扣除分摊的办公成本、管理成本及税收后，由合伙人提走绝大部分收入，当然由此也诞生了提成制、包干制等更极端的模式。

从成本分担上看，合伙制有着明晰的分担机制与界定，大到房租成本，小到纸张打印，都由合伙人按照一定规则分摊。

最核心的是，客户来源与客户归属问题，这是合伙制律师事务所与公司制律师事务所最大的差别。客户主要来源于合伙人个人的人脉与推广，虽然签约主体与收费主体是律师事务所，但是实质的客户归属于律师，判断客户是否属于律师的根本标志，就是律师转所时是否可以将客户一起带走。所以在合伙制律所，客户归属是个敏感话题，这也是律师个人要比律所与客户的黏性高的原因。由于客户的迁移成本较低，也就决定了律师与律师事务所关系模式既相互需要，又彼此疏离。

当然，基于以上原因，中国大部分律师事务所的运维管理，与规范的现代企业管理有明显区别。大部分律师事务所日常决策与运营，由出资的合伙人兼职管理，除了少数财务与行政辅助人员外，投资与运营并没有明显区分，由于"议行合一"，也就谈不上建立真正的职业经理人制度了。

最紧迫的是青年律师的培养与知识经验的传承。近来，越来越多的律所意识到青年律师培训的重要性，也建立了良好的培训机制，但大部分合伙制律所的律师成长除了靠自觉，主要靠带教师傅言传身教。基于产权界定与客户归属等原因，在知识管理方面，大部分合伙制律所难以打通全所共享共通的专业文本与实操工具。

而公司制与合伙制有着霄壤之别，公司制在产权结构上是按照注册资本的比例或者份额比例界定合伙人产权结构的。而在分配模式上，相对比较复杂，一般按照工资＋资金＋分红的方式进行，优秀的律师采取计点制模式进行分配。在成本与费用上，公司制强调将公司大部分成本作为公共费用统一预算、统一支出。而从客户来源与客户归属角度来看，公司制与合伙制更是完全不同，客户或潜在客户是公司的公共资源，只是交给合伙人去主办与服务。在公司制律所与团队，会把大部分管理工作从合伙人事务中抽离出来，交给懂管理、懂律师行业的人去运营，强调律所运营管理的专职化、职业化，而且投资合伙人会赋予管理团队特别决策权与收益权，无论在品牌运营、人力资源、行政管理，还是知识研发等方面，都会给予特别的绩效与奖金或分红。

从律师与律师、律师与律所的一体化程度看，无论是产权分配还是客户的归属，合伙制都没有公司制那么紧密。还有更多的律所在合伙制的路上走得更远，由合伙制演化成提成制，把合伙关系变为挂靠的松散合作关系。

合伙制大行其道的深层根源何在？

从马克思经典理论，即经济基础决定上层建筑的角度看，合伙制既然是大部分律师事务所的必然选择，那么，它必然与现有的经济基础相匹配，且合伙制事实上极大地推动了中国律师行业的迅猛扩张是不争的事实。

按照列维－施特劳斯的结构主义理论，人类的机制与行动都是由其根源所在的社会、文化结构所支配。那么，合伙制作为一种组织结构形式，其存在的根源何在？

其一，合伙制是根源于无限连带责任的承担，表征于国家政策规制，影响律所内部组织制度的构建。律师执业如同大夫行医、舟子行船，操有限专业知识与经验，行攸关他人财产利益与人身安全之公平与正义的事业，且执业的外部性、社会性较强，必须以职业之声誉及个人财产的无限连带责任，才有谨慎尽职之责，因此，大抵所有国家政策与法规，都要求律所合伙人对于执业风险承担无限连带责任。律师事务所合伙制的施行，在内部组织形式上，就必然要求清晰的产权界定，无限连带责任的转嫁机制，可谓谁家的孩子谁抱走，抱走自己带来的大部分客户收益，连同执业风险也希望请律师一揽子自行带走。

其二，合伙制符合一定的知识性咨询行业的特点，即律师服务者可集多重身份于一身，自带研发工具、营销工具、服务工具，且无形服务的特点，服务过程就是交付成果的过程。

上面这样表述有点抽象，具体来说就是一名资深的律师加一间房子加一套注册申请开办律所的资料，原则上就可以开一家独资律师事务所，做自己的老板，既做市场又做服务还做运营，集多重角色于一身。无他，因为律师身上带了全方位的商业主体运营的元素。单纯从运营逻辑上讲，合伙制律师事务所可能是多家个人律师事务所的联合，只不过大家共同把平台做大。单从合伙制形式上看，其律师个体具有强烈的独立性价值。基于此，再加上法律服务自身的特点，律师作为提供服务的载体，就具有剥离于律所平台、不依赖于平台的独立商业价值，这就导致即使是合伙制，单靠服务特性也较难整合成一体化公司化团队。

其三，从律师行业发展与市场需求的现状来看，律师的合伙制可以适应其所嵌入的社会结构。中国律师制度恢复四十余年，相比于西方有几百年成熟发展历史的律师事务所，在管理运营模式上仍在探索发展，这与中国的经济社会大环境是相匹配的，存在就是合理的。目前中国前三十名的律师事务所，除了极个别的采用了公司制运营模式，绝大多数仍然是国际上通行的合伙制律师事务所发展模式。中国经济发展的不均衡性，决定了中国律师业发展的不平衡性，我们有全球最大的律师事务所，但也有很多西部省份刚刚告别县城无律师的历史。所以，灵活运营、可松可紧的弹性合伙制结构成为长期律所发展的主流。

合伙制律师事务所遭遇的挑战

1. 来自外部市场的挑战

在产业转型、消费升级、供给侧改革、价值回归的时代大背景下，按照《明日世界的律师》[①] 所言，中国律师未来也会面临三大挑战：钱少事多、市场自由化、互联网和信息科技的发展。外部市场环境会倒逼律师行业组织变革，因为传统松散的律所合伙模式，在业务服务质量的提升、节省业务成本、知识管理、人才培养等方面，缺少统一的整合有力的推动。

2. 来自律师行业竞争的影响

不知大家是否注意到，近来一、二线城市的律所有两个发展趋势，一种是规模化、网络化、平台化，另一种是精品化、产品化、团队化。笔者于 2016 年提出的"中等所陷阱"逐渐被行业所接受，在律所品牌定位越来越受重视的年代，好像没有第三条道路可以走。在纵横捭阖的行业整合时代，律所想做大或做强，像极了春秋战国争雄时代，律师人才竞争也趋于白热化，大家都在找帮助组织赋能律师的"法器"，而组织的变革被提到非常重要的位置，公司制一体化保障律所的竞争力，被很多有远见的律师事务所推崇。

[①]　牛津大学和伦敦大学教授、英国首席大法官科技顾问理查德·萨斯金 2014 年出版的著作。

3.来自服务产品化的影响

这也是近几年来所流行的趋势，行业首提服务产品化的问题。法律服务产品的图谱演化越来越具有以下的趋势，从差异化定制服务经过标准化、系统化、套装化，最终走向大众化。而只有公司制运作或者紧密共融的团队才有机会胜任这个服务的复杂流程化，快速推进服务环节的拆分、组装与服务。

4.来自互联网科技的影响，或被驱动或被赋能

大数据、知识检索、新媒体、人工智能、区块链，这些五年来刚刚诞生或流行的科技概念，正在深深地改变这个行业。如经典马克思主义理论所言，生产力会正向推动生产关系的改变。笔者认为，这些新技术的应用，必然会重塑合伙人组织模式。仅举一例，有一家专注于律师事务所管理软件的公司，其阿尔法软件操作系统近来备受推崇，但律所要想真正用好这套软件，必须进行公司化一体的组织变革，否则，用户就像在一座没有联网的孤岛上运行一串代码，无法达到协同。

其实，合伙人制度下的律所组织所面临的挑战不止于此，享受"自由之刑"（萨特）的律师们，需要清醒地认识到，在未来内部能力与外部资源的博弈过程中律所组织变革的重要性，而变革的方向也许就是公司化与一体化，或早或晚一点而已。

不解决律所的产权问题，
律所品牌可能毁在自己人手中

一则"五家分所要求集体出走"的业界新闻曾瞬间刷爆朋友圈，爆出的五家分所联合声明，言辞犀利，红章赫赫，以罕见的外交部最强辞令"勿谓言之不预"强势收尾，如同一纸战斗檄文。

笔者律师从业十余年，创办过两家大型律所，耳闻目睹过北上广深很多律所内部合伙人之间的矛盾升级到高调开撕，即从同心同德，到同床异梦，到同室操戈，到同归于尽，不禁令人唏嘘。

笔者一直在思考一个困扰行业的发展问题，那就是律师算是中国的精英阶层，受过专业的法学训练、情商智商皆佳，又见多识广、文韬武略，整天为公司客户治理与风控出谋划策、指点迷津，但怎么就搞不定律所的合伙人治理结构呢？

改变一个利益格局比改变一个人的思维还难。律所虽然是人合性组织，主要靠人文连接，但如果不从产权结构上解构，就找不到症结所在。

深入分析下来，律师事务所的合伙制产权结构是引发矛盾的主要根源。众所周知，律师事务所是一种合伙人制度安排，按照《中华人民共和国律师法》的规定，律所采取普通合伙或者特殊的普通合伙形式设立，合伙律所的合伙人按照合伙形式对该律师事务所的债务承担无限责任或有限责任。

从产权结构上看，中国的律所基本上是由合伙人按照人头出资的共同所有产权结构，这就决定了大部分律师事务所基本上是一人一票的决策结构，虽然诞生了诸如管委会或执委会机构，但管理也基本上是轮流坐庄，共享共治。

可见，律所组织是相对松散的产权结构，这也传导到了分配模式、成本分担、业务来源、客户归属等方面，导致合伙人相对独立于律师事务所平台。

而中国大部分律所的总所与分所关系，不同于母公司与分公司，它们名义上是总分关系，但实际上又不是产权上的隶属关系，仅仅是业务上的指导关系，分所在当地司法机关登记备案，执业行为、人财物皆是相对独立的。大部分律所的总分关系，更像是松散的品牌连锁，总部除了控制品牌名称外，对于分所的控制力相对较弱。

总结起来，律所产权治理的不科学、不合理，带来的危害体现在以下四个方面：

其一，律所缺少真正的主人，律所发展没有持续主导者。

耕者有其田，商者有其股。律所如果全按照一人一票的合伙人制度，就像有限公司里没有大股东的股份分散型结构，没有核心产权的所有人就没有长期激励，很难发展好。

总结起来，当下中国最知名的合伙制律师事务所，其能发展得好，全依赖缔造者或创始合伙人有格局、有胸怀，持续无私地付出与贡献，并愿意将个人品牌与资源转化为律所平台的品牌与资源。

但是，并不是所有创始人与管理合伙人都有如此的奉献精神与整合能力，即使有，也未必有长期持续付出的意愿。

其二，容易形成律所僵局，门派立，战事起。

合伙人在律所发展理念、发展战略、利益分配、人品格局上形成冲突，往往采取简单的人头多数决的方式决定。基于组织的人合性，师徒制团队，合则聚不合则一拍两散，任何人都无法干涉或控制。问题在于，如果律所品牌有了一定的价值与累积，大家陷入僵局对峙后，就升级为对律所的争夺，以"抢公章"为代表，加速了律所分崩离析。以兄弟式合伙开端，仇人式散伙为终，是许多合伙人的事业逃不出的"魔咒"。

其三，合伙组织缺少合伙人退出的有效机制。

中国文化，重聚不重散，重进不重退，重合伙不重散伙，这一点也传导到律所合伙文化中。大家对于合伙人退出的程序、退出的情形、退出的补偿机制、退出的决策机制，缺少明确约定。

结果，一旦有矛盾大家容易遵循丛林法则，损不足而奉有余，不能心平气和地退出。像文首提到的这家律所，其25年前的缔造者就黯然出走，还有不少创始人，因为代际传承，离开自己一手创办的律所，两手空空。

其四，合伙份额动态调整问题。

律所也是一个商业主体，有过去、当下及未来的全生命周期。在这个过程中，合伙人关系不是一成不变的，如何妥善安排功臣元老、如何激励当下有能力有责任感的担当者、如何预留未来合伙人的发展空间，这些必须在最高产权层面做出顶层安排。既保持律所产权牢牢控制在最代表律所文化与利益的合伙人手中，又要有足够的弹性，开放共享共荣。以上是摆在律所缔造者与运营者眼前的战略选择。

那么，如何弥补合伙制的缺陷？笔者认为，律所要做好股权治理安排。通过这些年的观察，为有效解决律所产权问题，笔者总结了三点心得与经验：

其一，将决策权、运营权与分红权独立。

律师事务所要建立类似投资合伙人委员会、管理合伙人委员会与职业经理人层面的分权与治理机制，相当于股东会、董事会、运营层。投资合伙人委员会在人事权、财务权与重大事项决策权方面行使相关权利，承担相应义务；管理合伙人委员会作为投资合伙人的常设机构，由投资合伙人选出，对其负责，同时，选举产生监事会，形成有效的议、决、行、监完整体系与制度；职业经理人作为律所的日常行政运营机构，对律所的日常经营承担责任，而在律所的最终分红权方面，要舍得与运营团队分享。

三权分立，要做到有法可依，权、责、义、利、险科学分配给相关主体，但一切赢在执行，而不是躺在文本之中。

其二，建立完善律所专职经理人队伍。

如果我们说律所管理出效益，大家同意。但是如果我们说请律所创始人抛弃业务，专职从事管理，大部分合伙人未必舍得或者即使舍得也没有管理的能力，在律所管理运营上有意愿无精力，有想法无能力，更多的人把主任这一公共职位，要么当成业务之外的负担，有心无力；要么当作整合外部资源与荣耀性指标的砝码，不愿分享。

而选择专职的执行经理，是成熟或规模律所可以尝试的路径。近些年崛起的几家大所，都与能干的职业经理人相关，这要感谢一个人，他就是大成律师事务所的终身荣誉主任王忠德老爷子，他为律所职业经理人正名，更为管理合伙人正名，将管理合伙人与职业经理人制度有效融合，与律所的创始人们一起，推动律所达到行业巅峰，成就一桩美谈。

其三，动态股权调整与封闭式股权安排，持续激发律所开放进取的活力。

动态股权调整，是目前公司股权治理中的新概念，它指的是股权根据合伙人在公司运营过程中的投资、意愿、能力、贡献、绩效等指标，结合公司发展战略与现状，科学动态调整合伙人的股权占比。

比如笔者主导创办的上海瀛东律师事务所。作为投资合伙人与创始人，笔者曾经在 5 年前占有律所 80% 以上的股份，但随着优秀人才的加入，笔者将一部分股份奖励给个别追随我多年的优秀律所运营者，一部分有偿转让给其他 14 名权益高级合伙人。这种安排使得律所在初创期有人承担最终责任，保证决策的快速制定与推行，又在稳定发展期保证了创造价值的合伙人分享律所发展的成果，成为律所的股东。如果将来原始股东的股份被分割差不多了，大家同意以定增方式，同比例稀释股权，以吸引更多优秀人才加盟。同时，我们也在探讨股份在合伙人之间的流转机制。

封闭式股权安排，也是目前个别优秀公司采取的股东身份锁定期制度，典型标志就是对离职与退休股东的股份排除继续持有与继承，同时给予足够补偿。比如华为，就是封闭式股权安排的典范之作，任正非一方面把 98.6% 的股份分享给华为员工，另一方面规定员工持股与分红在任期结束后自动收回。笔者身边的例子，就是江苏知名民营企业南通四建集团，该公司在十余年前就做了股份封闭式安排，一方面对老股东进行股权退出做出封闭式安排与补偿，另一方面拿出回收的股份给新晋的年轻人，让新鲜血液有机会流入股东会与董事会。

律所其实可以借鉴这两种制度安排，给予创始人与缔造者历史的尊重，给年轻人铺就承接的机会。前两年杭州一家大所，在其创始人宣布退休之时，律所决策层拿出几百万元现金，一次性回馈给该创始人，两代人的温情传递令人感动，彰显出江南律界的才子智慧与谦谦君子之风。

当然，本文强调律所产权的重要性，并没有弱化律所战略定位、业务选择、律所文化、薪酬分配制度的价值。并且，产权治理表面上看是一套合伙人治理解决方案，实质上是一次战略选择：是继续走老路还是忍痛推进一体化？它上承战略、业务，下接组织变革、律所文化，牵一发而动全身。

不研究红色管理，就浪费了一个战略抓手

最近这几年，律师行业的党建工作和活动进行得如火如荼。律所如何开展党建？有哪些要领和方法？我认为，如果把党建工作用管理运营的视角解读，可能有更丰富的内涵，即红色管理。本文会同时使用党建与红色管理两词。

作为民营企业的负责人，我先后在上海市委党校、浦东干部管理学院进修过党建工作，也曾先后听了关于律所党建的一些系统化的真知灼见，特别受启发，认识更加深化。

这几年因为创业并参与企业管理运营，先后完整读过《毛泽东选集》《邓小平文选》，欧美作家撰写的《西行漫记》《毛泽东传》《邓小平传》《周恩来传》，读过金一南的《苦难辉煌》《向红色管理要方法》等书籍。因为先后担任党代表、人大代表十余年，在中央宣传媒体待过几年，参与党的组织、宣传工作，更有一定的感知。

在这里就律所党建谈一点自己的观点与思路。同时，结合这些年律所运营的经验，谈一点感受与心得。

律所搞党建，既理直又气壮

在党的十九大报告及新党章中明确提出："党领导一切。"也就是说，党政军民学，东西南北中，党是领导一切的。我国现有的根本体制是党的领导、

人民当家做主与依法治国三位一体的，核心在于党的领导。

第九届全国律师代表大会之后，主管部门要求全国各地律所都要把党建工作写入律所章程。要求在律所章程里，增加"坚定维护以习近平同志为核心的党中央权威和集中统一领导，以习近平新时代中国特色社会主义思想为指导，坚持中国共产党的领导，拥护社会主义法治""律师事务所应当根据中国共产党的规定，设立中国共产党的组织，在本所开展党的工作"的内容。

为应对长期执政的考验，党的领导全覆盖，管党治党从"宽松软"走向"严紧硬"，成为长期的趋势。历史潮流浩浩荡荡，一个行业要想走得长远，必须认清这股潮流、顺应这一趋势。

换句话说，理论上一支可以服务 14 亿人口，1 亿家左右的中小企业，操持国之法器的法律服务工作者队伍，如果不让党放心、不为党所信赖，行业发展前景一定堪忧。

无须多言，而以上理论逻辑，就是律所党支部理直气壮抓党建的底气，也是律所党建的正当性与合法性的根源。

律所组织文化之魂，无可替代

律所是由人合性的直接为客户提供法律服务的知识分子构筑的集体，那么律所靠什么引领一群高智商、高情商、具有复杂问题解决能力的专家？是靠法治精神，还是合伙人的精神，抑或是客户意识？应该承认，这些都非常需要，它是律所生存的应有之义。

但是，一个拥有共产党员的律所组织，如果不做党的建设，是不是缺少了点什么？特别是律所的利益相关者思想混乱，或者利益发生冲突时、思想文化相互龃龉时，靠什么冲出层层迷雾？

这时候党建工作就有了它超脱的纲领意义。因为党的建设的核心在于人的思想政治与组织建设。党支部是战斗堡垒、是核心，加强党支部的全面建设工作，在领导和驾驭工作方面、坚持民主集中制方面，以全过程民主的精神，坚持民主开放地讨论事关律所发展的重大事项，团结一切可以团结的力量，凝聚共识，将党的民主集中制精神当作律所发展的思想宝库。

在统战工作、班子建设、思想工作、宣传工作等方面，如何以大局为重，团结协作，信息直达，网格化管理，等等，党建可以为律所建设提供无尽的思想宝库。那么，学习党建，在服务合伙人、进行律所管理方面就能如鱼得水。

做好政治引领、思想引领、组织引领、服务引领，这是对律所党建提出的更宏大更细致的要求。

在戈壁论坛上，一位老师以长征途中遵义会议等大大小小二十余次会议为例，生动讲述了会议的重要性。

何为开会？为何开会？如何开好一次会？我们党有着近百年会议召开的智慧与经验，对民营企业有重要启发。我参加过各种党政、人大会议，党召开会议的组织科学性、有效性、细致性，令人叹为观止。

党的政策战略，蕴藏着业务新机会

中央宣传部宣传思想做出重大创新，推出"学习强国"App，面向9000多万名党员，将学习积分作为个人学习指标，广泛运用在各支部中，用于激励党员定时定量地学习。用户可以根据登录、答题、阅读文章、观看视频等情况获得一定的学习积分，按照设计，未来可以凭学习积分进入积分商城兑换礼品。

有人说，如果党员们每天刷学习强国App系统化提高理论与知识水平，而普通群众每天刷抖音与今日头条，那么，党员与群众的差距会越来越大。此言不虚，一个人的认知决定了他改变世界的水平。

作为执政党，其思路、路线、方针、战略、政策、决策，都会深刻改变与影响国家与社会、经济的方方面面。加强律所党建工作，也就增强了看齐、站位意识、贴近意识。我时常对同事讲，律所业务未来五年的新机会，都蕴含在党的二十大报告，以及每年的国务院政府报告中。

如果我是一名产业律师，一定会第一时间关注与研究："一带一路"建设、雄安新区发展战略、自贸区战略、长三角一体化战略、工业 4.0、公共法律服务全覆盖"双碳"目标等治国理政的思想，并思考自己的业务开发的前瞻性。

事实上，瀛和上海团队多年前就响应"一带一路"倡议，深入中亚腹地开展法律服务的律所，乌兹别克斯坦的司法部部长来访上海，点名会晤上海瀛东律师事务所的国际部。

以服务人的全面发展为核心

党建工作的本质，即做好"人"的工作——以党组织为抓手，通过沟通交流、关心、关爱，凝聚律师团队。

党建工作绝对不是以把律师管起来为目的，高高在上，脱实向虚，而是应该以围绕和促进律师的全面发展为命题。

律师的全面发展是什么？用一句俗话说就是德智体美劳全面发展，再简单一点就是又红又专。做律师不能腰包鼓鼓六神无主，不能身强力壮东张西望，缺乏定力，缺乏内在的精神和价值，成为一个唯利是图的商人。律师在做好业务之余，要对社会公益有付出、对社会责任有担当，要有家国情怀。

其实，很多律所的党建走偏了，树几面红旗、喊几句口号、搞个宣传栏，浪费了合伙人的成本，却没有得到律师的拥护。核心原因是没有抓住党建工作的本质。

无论是青年律师，还是中年律师，普遍遇到的难题都是：孤独无法自解，孤愤无法自启，收入没有保障，执业障碍多多，团队没有温暖，身体隐患随形，灵魂无处安放。这些都是党支部可以大显身手的地方，纵向、横向，把律师的关爱做到位，做到律师心坎儿里去。

近两年，我注意到，全国律协与党组织对于不幸去世或遭遇不幸的执业律师，第一时间派人送去慰问与关怀，带了一个好头，树立了温暖的形象。

律所党建，以推动业务为旨归

达成"党建带所建，所建促发展"的共识，构建"党建+"的全渗透格局。

十年前笔者创建与运营律所之初就推崇管理驱动律所，党建带动所建。党建工作，要把律所党建与律所业务建设深度融合，而不是偏离业务中心，搞党建工作。律所的每一分支出，都是律师与律所的血汗钱，如果党建工作是花拳绣腿，虚张声势，时间一久，面目可憎，效果适得其反。

如果想搞好党建，就要系统研究红色管理，由此可以构建"党建+"工作格局，把党建工作真正渗透到律所日常管理的各个环节、渗透到律师执业活动的全过程，增强党建工作实效性，推动律所全面发展。

同时，律所的红色管理不能落于俗套。律所可以根据律师行业的特殊性和党建工作新要求开展党建，比如，上海瀛东律师事务所瀛东支部致力于创新"党建+制度规范""党建+法律服务""党建+互联网""党建+文化""党建+公益"的工作新模式，不断拓展党建工作的渠道和手段。

当前的上海瀛东律师事务所，已经初步形成两种鲜明的气质文化：一是合伙人治理上的"海纳百川、追求卓越、创新求变、大气谦和"的瀛东文化气质；二是无处不在的"党建带所建，所建促发展"的共识，构建"党建+"的全渗透格局。

优秀律所为什么需要卓有成效的管理？

绝大多数优秀律师事务所的创始人，都是做律师业务出身的。

律所发展到一定程度，都有一个共同困惑：随着律所越做越大，管理的事务越来越多，到底该专心于管理运营还是继续带团队做法律业务？想要两者兼顾，却面临着认知、时间、精力甚至利益分配不均衡等各种挑战。

现实是，大部分创始人往往下不了决心专职做管理，无非不甘心放弃直接面对客户的机会或者考虑到业务收入等原因。

对此我建议找一个志同道合的合伙人专注律所管理。不然，自己转型为专职管理者，亲自带头干。

古话说，买卖亲手做，庄稼不托人。无数的律所管理经验告诉我们，没有第三条道路通向成功。

律所管理的价值大吗？

这里面有一个核心命题，即律所的运营管理像企业一样有价值吗？

答案是：Absolutely（当然）！管理工作具有其独特的价值和使命。它适用于公司，也适用于律所。

现代管理学的缔造者德鲁克讲过，管理的本质就是最大限度激发人的善意。十年前，在他所著《卓有成效的管理者》中接触到这一观点时，我正着手筹办一家大型律所，并担任专职管理合伙人，它像一把火炬照亮我前行的道路，让我下定决心转型做运维管理，并十年如一日，把管理当成自己毕生的专业。

过去的十年，我看到管理带来的裂变式效益。我直接管理运营了两家大型品牌律所，第一家从零开始，用了 3 年就在上海成长为拥有 300 名（2013 年数据，2023 年已成为千人大所）注册律师的长江以南第二大规模律所；第二家我直接创办的上海瀛东律师事务所，经过 5 年发展，成为律师队伍 150 人、创收规模超亿元的精品律所。

我想，如果仅仅靠专业化累积，没有我们运营管理团队专职驱动律所发展，律所不会有如此的成就。

过去的管理工作，虽然让我失去很多，但让我找到了管理的乐趣，也有了相应的成就与荣誉：在复旦大学、上海高级金融学院专修了 EMBA，先后被评为首届上海市闸北区组织部领军人才、首届上海市静安区组织部领军人才；担任了近十年的区人大代表；成为上海财经大学、华东理工大学、上海大学等多家高校的创业导师。

为什么需要卓有成效的律所治理？

大江大河，水大鱼大。

在梳理过去十年优秀律所的风云际会时，我注意到一个核心问题，就是凡是勇立潮头获得巨大发展的律所，除了专业定位上的竞争力外，还得益于管理模式的创新及运营的卓越有效。

我们可以得出一个结论，未来律所比拼的是律所平台的整合性竞争能力，而这里面的核心就是管理运营的能力，再上一个层次，就是律所的整体治理能力。因此，简单的律所管理已经上升为整体治理能力的提升，但本文概念中不做区分。

提升律所整合性竞争能力，更深层次的原因如下：

首先，强化律所治理，从业务中抽离，是专业化分工的必然结果。

我一直强调，除了专业服务，律所的运维如行政、人资、品牌、党建、财务、技术、市场、知识管理、公共关系、物业管理，都是一门专业，专业的事必须由专业的人来做。无论是我们强调的服务型运营团队的建设，还是大中台的建设，都是强调律所整体运维能力的提升。

其次，律所的管理提升，是律所打造服务型支持团队的核心。

过去我一直强调律师要给客户提供超乎体验的服务，但律所有没有把律师当客户呢？有没有为平台执业的律师提供全面、细致、贴心的"仆人式"服务呢？让律师的工作无后顾之忧，把律所打造成家一样温暖的地方，有人气就有财气。

我在关于律所搞党建的文章里提到，无论是青年律师，还是中年律师，普遍遇到的难题是：孤独无法自解，孤愤无法自启，收入没有保障，执业障碍多多，团队没有温暖，身体隐患随形，灵魂无处安放。这些都是党建工作与行政服务工作可以大显身手的地方，纵向、横向，把对律师的关爱做到位，做到律师心坎儿里去。

最后，通过律所的有效运营，保证律所的公共积累与持续投入。

传统的合伙制律所运营管理有一个悖论，律所为了吸引人才加盟，就把分配比例向律师团队最大化倾斜，结果吃光分光，律所无法形成有效的公共积累。

缺乏公共积累的可怕之处在于，既无法反哺品牌与市场建设，又无法吸引更优秀的律师加盟，陷入恶性循环。久而久之，如果主要创始人没有担当与付出，律所难免流于平庸或衰败。

如何在合伙人利益与律所发展的博弈中找到最优平衡，除了主要合伙人有共识与担当外，还有一个办法就是，律所通过有效运营，提升律所品牌，提高行业声誉，提高公共业务积累，在优秀合伙人与客户面前提升议价能力，从而保障律所可持续发展。

　　另外，律所的综合治理运营能力，还体现在产品研发、知识管理、财务分配、公共事务、组织市场、风险控制等诸多环节，以管理运维这一条主线激发律所每个环节、每个资产要素的优化组合。

如何做好律所卓有成效的治理？

　　首先，律所合伙人必须达成共识，愿意为管理运维驱动律所发展提供制度性保障。

　　我们需要深刻认识到，律所发展不能没有持续主导者与担当者，同时，认识到管理出效益，理解管理的价值，并愿意为专业的管理运维买单。

　　试想，一个律所，如果全按照一人一票的合伙人制度，就像有限公司里没有大股东的分散型结构，对管理也没有充分授权，其发展前景要么是成为"威权治理"即创始人独大的模式，要么是成为极为松散的轮流坐庄模式。

　　综观国内优秀律所，其持续发展全依赖缔造者或创始合伙人有格局、有胸怀，持续无私地付出与贡献，并愿意将个人品牌与资源转化为律所平台的品牌与资源。但是，并不是所有创始人与管理合伙人都有如此的奉献精神与整合能力，即使有，也未必有持续付出的意愿。

　　我们既要寄希望于部分创始人的"善意"——对律所发展的担当与牺牲，又要相信制度经济学与产权经济学的人性基石和理性逻辑，要完成将决策权、运营权、监督权与分红权既相互独立又相互支持的制度变革。

　　律师事务所要从顶层架构上解决制度问题，建立类似投资合伙人委员会、管理合伙人委员会与职业经理人层面的分权与治理机制，相当于股东会、董事会、运营层。

　　投资合伙人委员会在人事权、财务权与重大事项决策权方面行使相关权利，承担相应义务；管委会作为投资合伙人的常设机构，由投资合伙人选出，对其负责，同时，选举产生监事会，形成有效的议、决、行、监完整体系与制度。专职经理人作为律所的日常行政运营机构，对律所的日常经营承担责任，而在律所的最终分红权方面，要舍得与运营团队分享。

其次，在顶层制度保障下，建立专业可靠的管理合伙人与职业经理人制度。

若大家对职业经理人制度能达成共识，那么，可将一部分决策权、大部分管理权，连同部分分红权或者部分股权，让渡给职业经理人队伍，授权其对律所做整合性运营，承担独立、公正、尽职的责任。

专职管理人不做业务、专事运营以服务所有人，无论从精力上还是公心上，容易服众，也容易平衡好合伙人关系，从而更好地推动律所可持续发展。

现实情况下，当提出"律所管理出效益"时，大家都同意。但是让创始人抛弃业务，专事管理，大部分合伙人未必舍得付出，或者即使舍得也没有管理的能力，在律所管理运营上有意愿无精力，有想法无能力，更多的人把主任这一公共职位，要么当成业务之外的负担，有心无力；要么当作整合外部资源与荣耀性指标的筹码，不愿分享。

而选择专职的执行经理人，是成熟或规模律所可以尝试的路径。近些年崛起的几家大所，都与能干的职业经理人相关，这要感谢一个人，他就是大成律师事务所的终身荣誉主任王忠德老爷子，他为律所职业经理人正名，更为管理合伙人正名，将管理合伙人与职业经理人制度有效融合，与其他创始人一起，推动律所达到行业巅峰，成就了一桩美谈。

再次，"两个凡是"原则，做好律所中后台的运维支持。

律所管理，不是把人管起来，而是真正的"以人为本，以客户服务为旨归"，即：

凡是有利于客户服务的事情都要想办法支持，凡是有利于律师在律所开心、幸福与富足地执业的事情都要尽可能支持。

律所要从简单的行政管理与协助，主动升级为服务型中后台。借鉴之前创办两家律所的经验，我尝试在律所设立行政服务中心与 MCPS[①] 业务中心两

---

① M 即 Marketing（市场），C 即 Customer Centre（客户中心），P 即 Product Research（产品调研），S 即 Service Centre（服务中心）。

个大中后台部门。

行政服务中心由运营总监领衔，在人资、品牌、财务、风控、行政等各个层面，提供管家式服务。

MCPS业务中心由管理合伙人亲自挂帅，为律师团队的业务开展提供渠道市场、客户服务、业务产品研发、授薪团队支持，目标是成为律师的经纪人，让律师回归专业。

为激励运营管理团队，律所拿出一部分股份，绑定目标，做长期期权安排；以年终律所利润，做好中短期分红安排，将运营管理层的利益与律所的整体发展绑定。

最后，大道理都懂，难在执行与选人，核心就是如何选拔出卓有成效的管理者。彼得·德鲁克认为卓越的管理者并不是有什么天赋才能，管理是可以后天学习的，他指出管理者的五个特点：时间管理、分清内外、用人所长、目标管理、善于决策。这同样适用于律所的管理者。

10年后中国律师将达160万人，
职业经理人成为律所管理标配

职业经理人制度诞生近200年来，通过专业化的经营管理，为企业创造了巨大的财富，甚至改变了企业的命运。而对于制度重建仅40多年，管理粗放、品牌塑造乏力的国内律所而言，引进全新的职业经理人制度，一方面能够推动律所高质量高水平发展，另一方面也为业内人才提供了专业之外的另一职业上升通道。

行业自媒体新则约稿，希望我着重谈谈职业经理人在律所的设置，因为越来越多的律所创始人开始关注这一话题，更有甚者求贤若渴，希望找到合适的职业经理人，来分解律所的管理工作。其实，写此文时我在想，奢谈职业经理人制度，会不会有些超前？

即使是国内市场化的行业领域，职业经理人队伍发展也并不成熟，主要原因是，职业经理人制度本为"舶来品"，它是伴随几百年的市场经济培育，加上浓厚的信托文化，而成就的一个职业群体。

职业经理人制度伴随现代企业所有权与经营权的分离而诞生，是现代企业制度的重要组成部分，中国律所是否需要？

本文将探讨职业经理人的存在逻辑、能力结构清单，以及如何培养等话题。

职业经理人的发展恰逢其时

1. 行业高质量发展所需

中国律师制度恢复 40 多年，行业获得长足发展，虽然当前小、弱、散、放律所仍占行业主流，然而，根据产业经济学的原理，当一个行业的 GDP 达到 1000 亿元人民币时，与之相关的细分服务就会获得大的发展，培训、管理、工具、品牌等相关领域会相应独立并壮大成熟。

而当前中国有 67.7 万名律师，按照过去十年 9% 的复合增长率，十年后中国律师总人数会达到 160 万左右，简单想象一下，就知道卓有成效的管理有多需要。

未来十年，科技革命、市场化竞争、替代性法律服务、行业整合将是大趋势，而职业化管理是为了适应法律服务全面市场化的需要。

2. 律所发展存在通病，需要管理驱动

传统律师事务所普遍存在重收入轻服务、重规模轻质量、重工具轻管理、重合伙人轻中后台的问题。而律所管理运营普遍由合伙人或法律辅助人员负责，缺少系统、专业的培训，团队不稳定、不专业，没有上升通道。

律所的知识管理、党建品牌、行政服务、产品研发、技术赋能、跨界整合，这些课题都需要有新的突破，以解决律所核心竞争力的塑造问题。从这个层面上讲，未来律所之间的竞争，除了专业驱动，更多的是比拼整合性管理水平。

3. 客户与人才逻辑上需要律所具备高水平管理人才

过去十年间，行业竞争对外表现为客户服务能力的竞争，也就是抢占市场；同时，也表现为对专业人才的争夺，律所间的整合和重组，诞生了诸如大成、盈科、瀛和等新型法律服务机构。

人才对律所来讲就是客户，如何为律师提供更优质的服务、更良好的执业体验，从而为客户提供更好的服务，这对律所内部治理与运营能力提出更

高要求。

所以，基于竞争战略也好，基于专业分工也好，不证自明的事实就是职业经理人若能有效帮助律师与律所，变身优秀律师的经纪人、律所资源的整合者，便可打破知识行业的非对称性、信息不对称性，[①] 推动律所高质量高水平发展。

当前职业经理人制度推行面临的问题

1. 受制于律所治理结构不完善

律所本身的松散合伙、专业化分工不明显、品牌塑造乏力，导致中国律所普遍要么是家长式管理，要么就是彻底的民主或分工管理，没有建立现代律所治理体系。

顶层设计没有完成，没有形成议、决、行、监的四位一体制度体系，职业经理人就如无源之水、无本之木。

2. 受制于人才来源与培养机制的不完善

当前律所的运营人员，大体有三种来源：创始或管理合伙人、跨行业的其他职业人士、从行政管理辅助人员成长起来的管理层。当前法学院教育缺少管理模块的设置，普遍无律所运营与商科课程，法科毕业生律所管理的基本思维与商业理念匮乏。而在行业培养中也没有相关的成熟体系。律所的管理运营团队基本依靠自行培养，内生性封闭提升，平台内外职业转换与流动比较少。

3. 职业经理人的激励机制不完善

因为律所注重业务合伙人的考核晋升，对律所职业经理人的选拔机制、晋升机制、薪酬体系等缺少系统安排。律所管理与运营人员缺少上升之阶，

---

① 参见〔美〕纳西姆·尼古拉斯·塔勒布著：《非对称风险》，周洛华译，中信出版社 2019 年版。

且因为律所是人合性组织，人才退出缺少商业性的补偿机制。

我曾经在创办的两家律所试行动态估值机制，给运营管理层一定数量的期权或干股，保障除了分红权，还有退出时的溢价安排，以补偿创始人与管理层的前期付出。

论一位出色职业经理人的"修养"

在一个律所组织里，如果一位职业经理人能够凭其职位和知识，对该组织负有贡献的责任，他的决策能实质性地影响该组织的经营能力和达成的成果，那么他就具备一位优秀管理者的基本要求。

1. 基本知识结构

职业经理人应具备法律学科的系统知识与实务经验，熟悉国内外法律服务市场的历史与动态，掌握先进的律所管理理念，对同行与替代性法律服务及供应链上下游熟稔于心。

同时，可以对律所业务与服务做出规划、掌握人力资源管理六大模块、能有效组织律所的外部市场与营销、具备基本的财税管理知识、掌握信息化工具、能建立有效的律所风控体系等。

2. 基本管理素养

彼得·德鲁克在《卓有成效的管理者》一书中讲道，卓越管理者的工作必须卓有成效，而如何做到卓有成效，他指出要有五项能力，这五项能力特别适合知识行业：

- ◆ 掌握自己的时间；
- ◆ 把眼光集中在做出贡献上；
- ◆ 充分发挥人的长处；
- ◆ 要事优先，分清轻重缓急；
- ◆ 能做有效决策。

这本书简直就是为律所管理者准备的管理圣经，值得反复咀嚼，常读常新。过去十年，我把它当作管理的案头经典，每每遇到不能廓清的人事管理迷雾，都会拿出来找找方向，直到去年遇到瑞·达利欧的《原则》一书。

3. 管理者的基本品格

（1）具备战略意识、大局意识、辩证思维、历史思维的系统化思考能力。

（2）执行力。律所从来不缺少夸夸其谈的有思想的人，但具有坚定执行力的人是稀缺品。

（3）激情。在能力与经验欠缺时，唯有激情可以改变自身弱点。

（4）沟通。律师业是信息极不对称的，要建立"巴别塔"的伟大目标，需要跨文化的沟通能力。

4. 打造职业经理人制度发挥作用的内外部条件

职业经理人是基于律所所有权与经营权分离而诞生的专业性职业。如何通过强有力的治理结构与契约精神，既充分激励职业经理人队伍，又形成有效的制衡，实现律所的可持续发展，需要处理以下三类关系：

首先，建立议、决、行、监的科学治理体系。

投资合伙人（最高决策机构）、管理委员会（董事会常设机构）、监事会（监督机构）及职业经理人（执行机构）四个结构要素，有一套规范或章程、契约明确各自的权利义务关系、承担责任的方式与边界。

其次，处理好职业经理人与创始人、合伙人管理委员会的关系。

在传统律所，不是主任或创始人说了算，就是通过民主决策由管理合伙人说了算。如今，职业经理人横空出世，必然改变了权力结构，原有的利益主体既是决策者又是被管理者，几方关系既有协同又有制约。

因此，考虑现实情况，为了推动职业经理人制度的真正落实，我建议形成"管理合伙人＋职业经理人团队"1+1结构，前者代表合伙人团队领导职业经理人，赋能并充分授权，做到"帮忙不添乱"；后者与合伙人大会闭会期间行使律所领导权的主要合伙人形成沟通与协调机制，上传下达，形成缓冲区，减少某些合伙人基于个人利益诉求对职业经理人的干扰。

最后，处理好监督与被监督的关系。

监事会是对律所决策机构监督与个人监督工作不可或缺的机构，也是实现律所相关主体对律所日常运营的监督常规化的通道，它产生于投资合伙人委员会并对其负责。为了具备代表性与专业性，它可以由部分非合伙人、第三方审计机构组成。

同时，监事会与党支部、风控委员会、律所相关组织，对职业经理层起到监督作用，并行使律所的"统战"职责，团结一切可以团结的力量，促进律所的发展。

结语

中国律师制度恢复已 40 多年，未来 10 年，水大鱼大，中国律师将发挥前所未有的作用。

在平台化、数字化、产品化与一体化的新趋势、新路径、新方法的驱动下，律所整体的运营水平需要不断迭代升级，而职业经理人制度的建设应运而生，值得行业有识之士关注。

律所成功的基因

我于 2018 年参加了智合举办的第四届哈佛领导力高级研修班，在接受了相关培训后，对于律所成功的要素有了深入的比较视野。着眼于卓越律所战略与定位，以及研讨成功律所的基因。以下是笔记和思路的整理。

上午丹（Dan）教授讲了美国 WARK 律所的案例，讲述了其战略定位与执行的成功之道。这家美国律所没有走寻常律所的发展之路，突出表现为：

（1）业务战略定位。聚焦与恶意收购相关的高端商事业务，从而形成差异化竞争。专注于复杂且创新的特殊商业业务，拒绝做常规预付费用的例行法律事务。

（2）收费策略。按照客户价值与提供服务两方面确定收费，抛弃计时收费。与客户的价值实现绑定，以促进客户完成交易为己任。

（3）精英团队的选配。只从法学院招募优秀学生，且不做横向挖角。在精英合伙人与助理的搭配上，以 1∶1 配比，让青年人在从业之初就与合伙人共担职责，职业成长机会更多。高淘汰率，高工作压力，匹配 50% 的上升概率。

（4）稳定平等的薪酬。不采取论功行赏的策略，按部就班地按点数分配，以保证团队最大限度的协同。

（5）客户开发。培养法务总监＋搞定董事会成员＋成为投资银行的推荐商＋雇用天才与客户交往。

通过 WARK 律所的成功，我们得出律所在制定战略方面应遵循的四个层面：

（1）战略足够清晰明确，且内外部的人都知晓。

（2）有所舍弃。只服务于特定领域与特定客户，且最重要的是不做什么。

（3）一以贯之。不以市场情况的短期变动而随意变动，不以业务好坏为变动依据。

（4）协调统一。市场、组织、人员、薪酬、营销、文化等要协调一致，禁止反言。

当然，追溯WARK律所的发展历史，刚开始时，对于他人不愿意接的恶意收购的案件，WARK律所将其视作机会，并成功完成收费模式向价值锚定的惊险一跳。

上午方达的创始人周志峰来到课堂，与美籍教授一起分析方达过去取得的成就。方达的战略，就是在某些领域保持领先战略，且根据市场变化不断调整战略定位。在过去的二十余年里，他们初期聚焦跨境与入境业务、资本业务，根据现状增加了出境业务、新兴业务，目前把争议解决推为主要收入来源。在地区布局上，也是基于业务逻辑，从上海出发，到深圳、香港，再到北京，次第演进。

据周志峰所述，他们不谋求成为全球化的律师事务所，但会成为国际化的律师事务所，持续与当地最优秀的事务所与合作伙伴展开合作，为客户提供最优质的服务，提升复杂问题解决能力，以追赶发达国家顶尖律所为己任。为保证律所的经营文化统一，律所只从顶尖法学院招募最优秀的毕业生，不做横向招聘。

在谈及面对挑战时，周志峰称，已经在新兴业务的领先介入、基本完成代际传承等方面有了突破。

下午，丹教授带领学员学习"成功律所表现出色的主要因素"主题。有趣的是，学员们就声誉、人才、客户、核心价值观、创新等选项进行价值观排序时，基本上把核心价值观与人才放在前两位（如表1所示）。教授说这与在美国上课时学员排名有所不同，他们会把声誉与客户放在第一位和第二位。

但是，学员在讨论时也指出，要分清这里面的应然与实然状态，分清在律所不同阶段面对不同外部环境时，重点会有所动态调整。丹教授补充说，在小时费率受到极大挑战的情境下，固定费率对律所的效率提升与科技创新就有了更高要求。

表 1　成功律所表现出色的主要因素

竞争要素列表	核心要素	A 组排序
核心价值观	形成共识，被利益相关者接受，通过民主程序转化为组织意志	1
人才	内部选拔为主	2
客户	是律所的客户，擅长继承客户，可交叉销售	3
声誉	董事会不质疑法务选择	4
创新	应对挑战、时刻保持竞争力	5
财务	资本充足、财务政策与战略高度一致	6

在谈及外部趋势时，丹教授认为，2008 年大萧条之后，定价权从律所转移至客户，且可替代性法律服务、科技、人工智能、客户需求等原因也日益成为不可忽略的现实。雪上加霜的是，四大会计师事务所[①]在全球布局加科技投资，以及在既有客户的发掘方面，有天然的优势，已经卷土重来。据统计，当前四大会计师事务所在全球已经聘用了独立的律师事务所，建立了深入绑定关系。

之前大家更多地关注同行间的竞争，但是可替代性法律服务已经备受重视，对于四大会计师事务所的可替代性大家心存警惕。因此，大家的讨论也非常有意思，一方面可以嫁接业务与四大会计师事务所合作，发挥各自优势；另一方面律所的业务会受到蚕食，面对跨界"打劫"的入侵者。

法律科技也成为不断壮大的力量，由于资本在大量投资人工智能，法律行业的低技术含量工作、低附加值的业务，会被技术工具完成。比如

---

① 指普华永道、德勤、毕马威和安永。

E-discovery（电子披露）①已经有173亿美元的市场规模，原来需要数月的人工工作被技术转瞬完成。而从企业法务部门的角度，也希望降低律所的费率，同时，自己能做的事情倾向于不再外包。

最后，丹教授预测了未来西方律所发展的五大趋势：（1）成功者与失败者的差距会拉大；（2）仍有精品所、本地所和非综合性律所的生存空间；（3）替代性人员配置方案满足客户需求；（4）创新会成为核心的差异化竞争武器；（5）中国律所会成为崛起的新力量。

智合的副总裁何佳伟发布了自己调研后得出的中国未来十年的发展趋势：

（1）法律服务市场将持续高速发展。

（2）将出现人数过万的律师事务所。案例：大成、盈科。

（3）部分规模化大所可能解体或分裂。触发因素：质量控制、利益冲突、文化融合、规模拖累、代际传承。

（4）京沪两极，区域市场发展并重新洗牌。案例：德和衡、泰和泰。

（5）律所管理将成为律所竞争的新战场。包括共有价值观、结构、制度、策略、管理风格、技能、人员。

（6）律师需要从专业化向行业化渗透。

（7）涉外法律服务能力将是未来律所的核心竞争力。

（8）以四大会计师事务所为代表的替代性法律服务提供商与律所展开全面竞争。

（9）律师服务加速迈向法律科技。

（10）关于人才的竞争日益加剧。

基本评价：丹教授更多的是从西方视角看待全球法律服务市场，采取竞争战略，甚至聚集第一的思维分析行业发展，整体基调是 Powerful（强有力的）、Aggressive（积极进取的）。中国律师行业中除了极个别的"优等生"，大部分

---

①　电子披露是识别、收集和处理来自计算机、移动设备和其他数字来源的电子存储信息的过程。这些信息可用于民事诉讼和调查等法律程序。由于数字证据的日益普及，电子披露已成为现代法律程序的一个组成部分。

是中小律所，是普通律所，各自在二、三线城市苦苦发展。创业型律所有什么挑战？有什么机会？如何成为一个成功的组织？

成功各有各的偶然，失败则各有各的必然。既要找出成功的要素，又要了解失败的因素，了解偶然性在取得成功的过程中发挥的作用。

从外部市场来看，普惠性的法律供给尚不充足，优质客户的集中度较为明显，如果想在红海中杀出一条血路，已经有些难度。律所需要在其中找到自己生存的路径与空间。

写作此文时，距离参加研究班已经过了五年，行业内外部环境发生了巨大变化，于是我在文章里更新了十条行业最新发展趋势：

（1）规模：进入存量整合、高质量发展阶段。

（2）政策：行业的健康合规发展更受关注。

（3）方向：数字化、智能化、元宇宙等新经济领域会跑出黑马。

（4）传承：内卷时代年轻律师发展更具挑战性。"50后""60后""70后""80后""90后""Z世代"六代律师并存天下。

（5）地域：行业进一步分化与集中，围绕GDP前二十名的核心都市圈展开。持续看好长三角、大湾区，一横，重庆—武汉—南京中下游长江经济带；三纵：京沪高铁、京广高铁与沿海铁路。

（6）产品：三个转变——从律师中心主义到客户中心主义转变；从中介服务业向咨询服务业转变；从高定价轻交付低体验向低定价重交付高体验转变。

（7）数字化：①在工具层面已经完成产业数字化建设（企业微信、钉钉、电子合同等）；②提效降本，大数据、协同工具给年轻人知识管理发展带来持续红利；③产品化层面：IP打造、业务交付、线下融合加快。

（8）国际化：围绕企业走出去方面，加速突破，提前布局者会胜出。

（9）运营：大中台时代，律所一体化演进路径由易到难：品牌一体化、产权一体化、管理的职业化、业务的一体化、分配的一体化。

（10）战略：越来越重视，10%的律所有自己清晰的战略；只有1%的律所坚定执行自己的战略路线图。

云端律所最终成功的四个前提

新冠疫情时期，平时忙忙碌碌的律师们也被动宅在家中，在线学习、在线沟通、在线写作、在线演讲、在线会议、在线做公益……全中国的律师在线办公的潜能被充分激发。

原来需要面对面才能完成的一大部分工作，律师们利用各类办公软件与工具，被外部环境倒逼，搬到了线上，实现了沟通、协同、传播的在线化。

业内人士由此指出，疫情之下的在线办公，成为推动律师行业数字化转型的契机，优秀律所或机构要抓住机遇。甚至有权威媒体引用国外虚拟云端律所 Axiom 的案例，探讨云端律所或者虚拟律所的创新理念落地可行性。（注：本文中的云端律所与在线律所概念通用）

但是，大部分人对于数字化背景下，律师行业转型路径与逻辑认识有些模糊。本文借此探讨的主要内容就是打造在线律所需要满足的四个终极条件。

在线律所需要解决组织管理在线化

组织与成员在线是打造在线律所的首要条件。

其实，在现代服务业里，中国法律服务行业的信息化整体水平公认是较低的。在传统的 OA（办公自动化）信息阶段，律所律师的信息化工具相对落后，而且整体落后于其他司法主体，比如公、检、法。

庆幸的是，在移动互联网时代，随着互联网产业的基础软硬件迭代，律所低成本获取第三方在线化服务的技术越来越成熟，而且逐渐成为行业标配。

内部的 OA 系统、CRM（客户管理）系统、SaaS（软件即服务）系统等，实现了企业内部管理的组织在线；通过微信、钉钉及各类在线视频会议系统（如 ZOOM、小鹅通、小鱼直播），实现了沟通在线；通过印象笔记、坚果云、元典、Teambition 等文件管理系统，实现了部分知识管理或者项目管理的在线化。

随着互联网法院、电子合同、电子政务系统等相关生态链的建设，律师甚至在一定程度上实现了上下游司法供应链的协同在线。

同时，一群怀揣着"技术驱动法律"理想的跨界人才，试图帮助律师行业做好办公软件工具，并已经取得初步成效。

比如，最早涉足行业信息的必智软件、致力团队协作系统的阿尔法、远在成都创业的张智鑫，都是令人尊敬的行业先行者。

但是受制于人才、资本、经验、市场规模等原因，致力于提升效能且有大梦追求的律所或团队的需求远远没有被满足。可以说，当前行业在线化的主要矛盾是他们日益增长的对高效软件的需求与行业内信息化落后现状之间的矛盾。

在线办公对于厌倦了整日待在办公室，苦恼于通勤时段拥堵的人来说，工作方式更加灵活，时间可以自由支配，平衡了家庭生活与志趣。

疫情期间，有合伙人开玩笑说，在家办公的前提条件是你得有一幢像西方精英律师一样的豪宅，否则，孩子与家居生活会让你很快失去效率与乐趣，居家办公由新奇变得无趣。对社交型人格的人来讲，封闭在家则是一场噩梦。

值得一提的是，组织及法律服务工作者的在线化，是云端律所构建的第一步，即供给端首先在线化。就像是淘宝，刚开始发展时，必然是先完成供应商家 B 端在线化，从线下卖场转型互联网集市，消费者才会大面积转到采用在线购物方式，这是一个道理。

在线律所需要客户的在线化

这个应该容易理解，客户的信任建立、沟通互动、签约与支付、服务或产品的交付，是否能完成在线化，直接决定着在线律所在客户服务上的深度与广度。

作为一名独立董事，我曾在线参加了一个进入申请IPO（首次公开募股）阶段的集团董事会例行会议，会议有一大摞文件需要签署，虽然会议可以在线召开，但是文件仍然需要几位董事拿到寄送的纸质材料后在线下签署。

电子签名虽然合规有效，证券法律或法规对此没有效力性要求，但为稳妥起见，董事的签字仍然需要纸质版。虽然技术成熟，但客户在线化因为种种原因没有完成，就难以形成闭环操作。

随着电子签名在各个行业的有效推广，越来越多的合同文件实现了在线签署，比如疫情期间法大大就向全国用户免费赠送了1000万份电签合同，也就是节省了客户1000万人次线下活动（包括签约与快递）。

法律服务的供给端、需求端，在技术支撑下能同时在线，闭环就形成了。

我曾指出，未来凡是依赖面对面服务的商业模式，大部分都会受到冲击，反过来能够线上化、内容为王、流量为王，有导流场景的模式会崛起。疫情只是加快了这种趋势的到来，加速了旧模式的衰亡。

值得指出的是，在线律所无论如何发展，线下办公空间的功能从中短期看仍然会需要，也许功能会有所变化，之前高端甲级5A商务办公楼就是承载着客户建立信任、合伙人荣耀的场景（这与早期银行机构为了建立信誉，会租用或选购最核心地段最高端的商务楼一样）。

如果云端律所被客户接受，律所的合伙人空间就会大大压缩，而公共空间与功能会放大，留给客户与律师必需的会面交流，也许就是为了惬意地一起喝杯咖啡。

比如全球最大的虚拟云端律所 Axiom，他们的办公空间主要留给 IT 与后台管理人员使用，大部分合伙人与律师要么在家办公，要么在客户现场。据了解，律师在客户现场办公时间一年平均下来有 9 个月。

因此，虚拟律所的成功与否，与客户在线化程度，以及客户对创新服务模式的接受度紧密相连。但是律所线下办公仍然是长期的"交易场景"，不可替代，也许未来与客户交互的不是资讯，而是感情与信任。

在线律所需要市场与营销的在线化

疫情期间在线内容营销迸发出来，各家律所与众多律师在线创作法律文章研判疫情对客户的影响，在线举行各类讲座、培训、互动活动，面向行业内外传递专业品牌价值。甚至某家平台集合行业大咖，通过 14 门课就募捐了近百万元，将课程打赏的费用捐助灾区。

律师开始写知乎、刷抖音、玩短视频、上头条，触网渗透率大大提高。这是一场生动的在线营销释放，虽然在线的知识教育只是长期触达客户的有效手段之一，并不能为律所与律师直接带来收入。

以上只是解决了营销品牌问题，仍然没有解决律师的销售问题。营销的自动化、陌生化、批量化，是在线化营销客户的核心要素。

那么，律所的线上流量在哪里？

说起律师的在线营销，真是一段辛酸史，过去相当长一段时间，对律所或律师来讲，线上有效获取客户的来源非常单一，无非搜索引擎营销（简称 SEM）、新闻稿（Newsletter）、社交媒体、官网获客、知识在线分享等。

百度 SEM 的成本近年来一直攀升，十年前，律师在百度投放广告的成本与收入比还在 1∶8 至 1∶5，现在关键词价格不断攀升，而且投入产出比远不如从前，有的律师坦言在百度投放广告已经成为鸡肋。但是，除此之外，律师在线获取案源的机会也越来越少。

其实，SEM只是律师或律所单一的营销渠道，而在线系统性营销，一定是成熟的套装化工程，繁杂而漫长，向客户点、线、面地做立体的多点触达，最终目标是让客户沉淀下来。

这套在线工程至少包括邮件营销、微博微信发表、社交监控、在线教育、联系人管理、搜索优化、客户生命周期管理、合作渠道内容合作、行业内部在线交易市场建立，甚至还要借助SaaS与AI（人工智能），且整合业务操作界面与客户关系管理软件模块。

当然，在线营销往前走一步，就是营销智能化，这不是一家律所或团队能胜任的，需要借助第三方智能营销解决方案提供商。如在全世界排名第一、第二的自动化营销供应商Hubspot、Marketo，以及中国的eHub，已经非常成熟，为全世界五百强企业提供智能化营销服务。

当然，中国律所能否支付得起顶尖公司的营销方案服务费，那就另论了。

在线律所需要整个生态的在线化

"他山之石，可以攻玉。"在线律所的建成，需要整个法律服务生态体系的在线化。

阿里巴巴集团前CEO（首席执行官）、知名投行专家卫哲分享企业在线化相关话题时说由新零售到新经济转型的四个核心指标就是：员工在线、客户在线、产品在线、管理在线。

卫哲认为产品与服务在线固然重要，而完成员工在线是第一步。当年"非典"疫情中，阿里就是倒逼员工在线，在线营销、在线办公、在线客服、在线产品开发、在线协同管理。最终实现四个在线，才能完成新经济的转型。

这对我启发非常大，在线律所若要建成，依赖的必然是内外部基础设施的数字化升级，即从简单的在线化向全面的数字化升级。

过去几年，在产业互联网的趋势推动下，以及国家数字化战略部署下，各行各业都将数字化转型视为未来发展的逻辑与方向。

按照行业通识，数字化致力于利用互联网新技术新应用对传统产业的全方位、全角度、全链条的改造，锻造新产业、新业态、新模式，提高全要素生产率，释放数字对经济发展的放大、叠加、倍增作用。

现在很多企业把在线化与数字化作为企业战略，但是我认为这两个概念位阶与内涵有很大不同。在线化是我们20年前就创造的互联网概念，公司在线化一定是数字化的首要前提与基础，而数字化应该既偏重在线化升级的过程，又代表着在线的最终系统集成结果。

法律服务业所需的 ABC（AI, Block Chain, Cloud）[1] 外部技术设施已经成熟，其他行业的数字在成功转型经验可供借鉴，20 世纪八九十年代成长起来的互联网原生代客户对创新服务模式的接受度提高，司法在线率先突破，在这样的背景下，在线律所的完成是值得期待的。

这样看来，数字化是更高级的物种，比在线化更具有革命性的特征。在线律所不是简单的公司资源、业务、客户、管理的在线化，而是会诞生出另外一个新物种。

活在当下让我们脚踏实地，而明天思维会决定我们十年后的生存状态。对于数字化的行业未来，让我们拭目以待。

---

① 即人工智能、区块链、云技术。

关于律所股份改制的 21 个要点

我近年研究律所的治理，写过不少文章，曾在瀛和全平台会议上发表主题演讲《从身份到契约——律所股份制改造》，体系内外很多律所主任深度认同我的观念。但真正操作起来，对怎样完成律所股份制改造，仍然不得要领，以下是我提炼的 21 个要点，涉及改造的基本方法、标准、条件与路径，分享给大家。

（1）问题导向，做好自我诊断。律所一直无法做大做强？律所管理运营效能不高？律所无法传承？律所人才吸引与培养乏力？主要是因为没有形成律所的核心竞争力。具体认知的论述，请参见我写的《股份制塑造一家产权清晰科学的律所》一书。

（2）圆桌私董会。邀请合伙人、外部顾问对律所的发展做好管理层面的诊断，达成对产权分置的基本共识。一般私董会的流程如下：①躬问；②探究；③澄明；④定见；⑤解析；⑥精思；⑦心得。这套兴起于商业组织的方法，同样适用于律所诊断。

（3）共识达成。核心合伙人要集体学习修炼，最终达成共识。学习的内容较多，要了解从身份制到股份制的基本概念，认识合伙制的优势与弊端，认可律所管理的价值与重要性，认识到投资权、管理权、收益权等权益可以拆解、划分。

（4）律所估值。比照三张财务报表，测算律所的估值。除了财务指标之外，人才、客户、声誉、案例、资源、创新能力及其他无形资产，皆构成律所核心的竞争力，从而拥有独立的商业价值。

（5）财务扩充。做好律所未来一年内投资性扩张的预算，从而决定律所需要定增或者老股东转让所需要的发展资金，以及需要让渡给律所的股份。

（6）律所股份调整。如老股东、新投资合伙人股东、运营管理层、未来合伙人的股份占比分别为：25%、25%、25%、25%。

（7）组织建设。形成议、决、行、监的管理体制，设立投资合伙人委员会、管理合伙人委员会、运营执行团队、监事会，并以投资权、收益权、管理权分立为原则，形成责、权、利、险、能的权利义务关系，设立各项组织的运行结构。

（8）产权与分配。如此改制形成了律所顶层产权所有制形式，从契约制的合伙人形式到投资合伙人的转变；从按份共有到按比例共有的转变，且最终一次分配是按照投资比例分享收益。至于律所的第一次分配，是提成制、公司制还是计点制，请根据律所发展的现状与计划来设定。

（9）决策基本机制。投资合伙人委员会是最高权力机关，按章程规定，在人事安排、收益分配、重大事项上作出决策，并且是按照股份份额来决策，普通事项一人一票。管理合伙人委员会相当于董事会，由投资合伙人委员会投票产生并约定权限，闭会期间主要由专职管理合伙人负责日常工作，选拔CEO并"组阁"形成紧密的一体化运维团队，原则上管理合伙人在股份比例安排上有相当比例权重，有议、行合一的叠加，以推动律所日常工作。监事会由投资合伙人委员会产生，监督管委会与执行层的运行。

（10）股份流转与退出。比照公司法，设立股份流转的原则、优先购买权制度，尤其要设置好股东被除名等强制退出、退休、意外死亡等特殊情形的回购或继承制度。

（11）新股东合伙人的吸纳标准。定目的、定模式、定时间、定数量、定来源、定性质、定价格、定规则、定合同。我参照给企业做股权治理、股权激励的基本思路，尝试为未来股份做好科学安排。

（12）配套制度。律所股份重组决议、股份认缴协议、合伙人章程，利用电子合同及书面的协议进行签署，发放股份出资证明。借此，可以按照特殊的普通合伙对律所进行改制。

（13）选址、装修。行业内从来没有像今天一样把这份外化的工作当作核心竞争力之一对待，我同样感叹颇多，选址与装修绝不是竞争的关键因素，但选址不当却会影响律所发展。

我曾经为瀛和成员所主任参谋过选址，总结下来有七条参照标准：①交通便利，有地铁方便白领上班，有足够的停车位方便客户停车。②楼宇主体质量好。判断标准：楼宇物业管理公司是知名品牌。③楼宇入驻企业是国内外知名企业。④可拓展性强，租赁后办公地点在可预期时间内，有扩充面积的可能性。⑤同等水平的律所房租价位具有优势，保证瀛和的竞争力。⑥免租期与装修期足够长，改造成本低，若是有已经到期的房子且装修高档可以利用更好。⑦装修理念、规划设计创意先行，舍得投入大钱在设计上。

（14）给予律所的一个科学的估值方案。估值是产权交易的基石，那么如何给律所一个合理的估值呢？从我为几家律所进行股改的经验来看，估值要考虑的加权要素有以下几点：①原始合伙人的初始投资。启动一家律所，从选址装修、开业运营等最初的开支，到实现正向现金流，创始人不用再投入为止，总共投入的金额，这个是重要的参照。②律所历史积淀。每多一年的运营，可以为其赋予一定的增长。比如律所年份每增长一年，可以给予100万元的基础加权数。③创收与利润。过去三年或五年律所的平均创收与利润情况，这代表着过去律所整体财务实力。④增长率。包括创收额、利润、人数规模、人均创收、办公面积等增长率都可以纳入整体增长率贡献额度。⑤核心合伙人的人数与ROI（人均利润率）。⑥声誉与荣誉的关键节点。⑦重要客户的增长情况。⑧选育优秀人才的，以及增长率。⑨其他。只要合伙人会议同意将其统入估值参照的因素，都可以纳入。甚至律所创新能力与整体竞争力，都可以单一赋予其价值。

（15）大中台的建设。建立统一的运营中心（人资、品牌、行政、财务、风控、党建、技术等）；建立统一的业务中心（MPCS）。律所投资合伙人的盈利来源，一定不是从合伙人身上收取的管理费，而是向市场上的品牌溢价。设立业务中心，通过公共案源与资源，为律所创造公共利润。

（16）专职管理合伙人的选拔。①素养结构：懂行业、懂人性、懂业务、懂管理、懂品牌。②能力结构：用心、用情、用意，善沟通、善分类、善链接、善学习，有较强的领导力。③个人品格：三观要正、正直乐观，遵循极度开放、极度透明、极度求真的原则。

（17）CEO或运营总监的培养。①素养结构：情商、智商、逆商较高，有良好的教育背景，有其他行业的运维经验，经过刻意训练。②能力结构：执行力、表达力、追随力、学习力；能分清轻重缓急，结果导向，追求卓越。③品格结构：为人正派、对人公平、敢于承担，自我定位、自我激励、自我实现。

（18）规模化的方法：略。见拙文《人才为什么到你律所工作？》《律所规模化……背后的4个逻辑》。[①]

（19）品牌化的方法：略。见拙文《律师事务所品牌化建设"九段论"》。[②]

（20）律所管理的思路：略。见拙文《董冬冬演讲实录：像企业家一样思考，管理何以驱动律所？》。[③]

（21）判断改制成功的验证标准：是否有利于律所提升市场竞争力；是否有利于提升整体合伙人的凝聚力；是否有利于更好地为客户提供服务。

[①]　文章见微信公众号"董董的墨迹"。
[②]　文章见微信公众号"董董的墨迹"。
[③]　文章见微信公众号"董董的墨迹"。

大家不热衷平台事务，数字化激励也许可以破局 [1]

我是一名有着 15 年执业经验的律师，两家百人以上律师事务所的主要运营者，也是一家在全国拥有 300 家加盟办公室的律师生态平台的创始合伙人。当时我们创业的口号就是，科技驱动法律，包括工具、组织与服务，解决行业痛点，比如法大大这家头部的电子签约平台，就是我们平台孵化的。

我每天打交道最多的是律师，大家都知道，律师这个群体，与其他行业的从业人员不同，他们是一群高学历、高收入、有独立主见、有独立开展工作能力的知识型人才。从得到高研院诸多的律师校友身上可以看到，律师是文科生里思维最活跃、逻辑最缜密、专业门槛最高的职业之一。

律师依照法律逻辑与经验，处理客户遇到的各类复杂问题，产品交付过程就是脑力动作与行为动作，而且法律服务具有个性化、差异化、客户体验为王的特点。同时，由于知识性行业的专业门槛，团队之间协作的必要性也很重要。

另外，律所平台公共品牌与口碑的塑造与传播，需要全体律师的参与，以提供共创共建的公共平台产品。

所以，它的工作特点与服务性质，决定了对其进行考核与激励，保证公平与效率，促成一体化团队建设，成为行业痛点。律师行业的激励模式无非

---

[1]　注：在得到高研院第 8 期，有幸受到张慧老师的指点，就一个看似枯燥的话题进行分享，受到大家的认可。本篇为逐字稿。

三种：一是对合伙人高提成制的论功行赏模式；二是少数实行论资排辈的积点制；三是对普通律师实施固定年薪制度。

作为律所主任，感到困扰的事不是把蛋糕做大，而是蛋糕做大了如何公平地切分蛋糕。如果解决不好，会影响律所做大做强。

传统的律师考核模式带来的问题比较大，突出表现在如下方面：

1. KPI 是毒药

绩效提成完全跟收入挂钩，趋利避害性会让客户体验感差异较大，律师挑肥拣瘦，支付律师费少的客户服务体验感难以保障。由于客单价高，律师服务的提成就高，大家争着做那些事少价高的活。在松散制的律所，则唯创收论、唯高提成论，甚至有律所以执业零成本进行人才竞争，无疑会陷入传统考核方法的泥潭不能自拔，效果并不明显。

2. 行为没有量化激励

传统绩效考核，一般对于非创收性的行为，即非业务 / 非本职工作行为缺少激励，特别是对律所的公共活动与付出缺少评价与激励，颗粒化度不够。比如，长期为媒体撰写案例文章或者研究文章，在朋友圈转发公众号文章，参加社区公益活动，有助于提升律所的品牌影响力，但是这种行为没有纳入激励机制，导致大家的积极性不高。

3. 考核工具与方法有限

众所周知，绩效考核的方式与效果挂钩，比如，即时奖励效果大于迟延满足；透明公开不可篡改，公信力大于暗箱操作；绩效考核若有共识基础，将比单向设定绩效规则更有激励效果；考核方法的游戏性更能吸引员工自主参与考核。但是在传统的考核方法里，由于考核成本、记录成本、财务成本与反馈成本的存在，导致考核的即时性、透明化、公正性与颗粒度严重不足。

那么，有没有一种方法可以解决以上传统考核难题呢？我们在中欧商学院龚焱教授的指导下，开始研发激励数字化产品。龚焱教授是行业畅销书《精益创业方法论》与《公司制的黄昏》的作者。我们通过跟团队、自我复盘引申思考，最后想到用区块链的有趣方法来解决这个枯燥的问题，自 2019 年开始在部分城市律所推行激励宝 pro 的激励系统，我们称之为"链改"。

这套激励系统部署在我们自己的信息化系统 Kindle Law 上，旨在为数字化绩效改革提供 SaaS 支撑，将律所绩效工作模块化分解，并带入 Token 激励设计方案。以律所每位成员发生的与律所发展相关的行为为触发点，以民主讨论通过的共识机制，将行为量化为固定 Token 币，在系统中发生验证—考核—确定—币值激励—交易流转等一系列流程，让系统自主记录员工的行为，实现高效、公平的律所管理，推动律所考核的公平、透明、即时，由于这套系统记录在区块链上，不具有可篡改性。

其实，这套激励系统借鉴的是最流行的通证 Token 币，只有内部员工使用，且该套系统不激励员工分内的工作，不冲击原有的岗位职责与绩效设定，只是针对公共的行为进行考核，既要管理大家的期待，又要防止考核的边际效应递减，以保证激励的有效性。

由于这套系统已经具备了通证系统的全部框架，受虚拟货币的合规监管要求，这种"代币"只是在律所系统内部使用，超出这个范围扩散就是违法行为了。

通证作为激励手段，分布式账本实现行为激励。通证设计的基本要素如图 1 所示：

图 1 通证设计的基本要素

数字化激励的本质是律所提供给全体成员的一项福利，旨在鼓励所有成员做有益于自己、有利于律所的行为，在加深成员对律所的归属感、认同感、自豪感的同时，使每个人都成为更好的自己。

综上，数字化激励在律所的优势如下：

（1）记录性：无论是谁，无论为律所做出多少贡献，都将被系统记录并以数据的方式永远存在，任何点滴贡献都不会被律所遗忘与埋没。

（2）即时性：完成行为后立即就可以获得对应数值的奖励，带来即时的满足感、成就感。

（3）碎片性：任何正向积极行为均有对应的奖励可以申请或者由律所主动给予奖励，不必担心所做"小事"难以被发现。

（4）娱乐性：数字化激励像是一个养成类游戏，Token 币如同游戏中的虚拟币，又如同人物的经验值一般。

（5）福利性：它是毫无负担的，只要想参与，不用额外付出多少时间、精力。一些在其他律所即便做了也不会有收益的行为，在律所都可以获得数字化激励。

激励宝的推行，对律所客户服务、平台建设、营造团队氛围都起到巨大推动作用。

在沈阳律所成功推行激励宝的徐双泉主任戏称，他从繁重的管理中抽身出来，可以像空气一样在律所存在了。比如，原来律所强制性要求穿正装上班，但执行得仍然不好，后来，采取每天穿正装就奖励 10 个 Token 币，超过 15 天穿正装，还可以另行申请 150 个 Token 币。在 Token 币兑换礼品区，礼品品种多样，应有尽有，可以换购所需的任何生活与办公用品。考核带来的律所发展也是可见的，以沈阳办公室为例（如表 1 所示）：

表 1　激励宝实施效果（沈阳办公室）

项目与效果	激励宝 pro 实施之前	激励宝 pro 实施之后
注册律师增长	30 名	70 名
收入增长	年增长 20%	年增长 60%
公众号粉丝	年增长 50%	年增长 200%
律师参与公共活动	2000 场次	5000 场次

由于激励宝 pro 的推行，无论是申请还是兑换 Token 币都特别便利，又

简单易学，在微信小程序就可以完成，特别是产品经理模仿游戏中打怪升级的机制，将员工列入"财富榜""收益榜""活跃榜"三类榜单，增加了社区的活跃度，受到员工特别是年轻员工的欢迎。

最后，我想用这套系统重新定义激励，如张慧老师所言，传统考核的问题是，该讲数据的时候，我们给员工讲情理；该讲情理的时候，却给员工讲冷冰冰的数据。重新定义考核的最终目标就是，让机器归于机器，让数据归于数据，让人性归于人性。

合规如空气将是组织基本生存法则

仿佛就在一夜之间，"合规"成了法律服务界最热的一个词，相关立法也正在加快推进，积极回应商业创新与风险管理的新情况。

商业组织的合规，不仅仅是监管的需要，已然成为企业生存的基本法则，甚至从组织发展角度来看，合规会优化企业外部生存环境，提高可持续发展能力，保护和提高组织的声誉和可信度，让第三方对其更信赖。而在风险发生时，则能最大限度地降低违规行为的风险，以及随之而来的成本和声誉损失。

法律服务行业的先行者早在合规理念于国内勃兴之前，就开始积极转型，进行前瞻性研究，力图在新的赛道捕捉新业务机会。瀛和北京办公室有一位合规方向的领军人才姜先良律师加盟，姜律师曾在北京某中院担任法官、世界五百强企业和中央金融企业高级合规主管。姜律师从事企业合规管理的研究和实务工作多年，在企业合规咨询、合规培训、合规调查以及企业危机应对等方面有丰富经验。目前已初步探索形成"企业合规法律服务产品体系"和"律师商业合规法律服务模式"，出版的《企业合规与律师服务》一书，是国内律师研究企业合规较为领先的著作。

姜律师曾为壳牌石油、西门子、中国核工业集团、中关村科技企业、中铁建、中石油、建工路桥集团、中国电子学会等上市公司、世界五百强企业、国家事业单位做过合规专题培训；先后办理过上百起企业内部反舞弊调查、大型专项检查等业务。

为此，数字瀛和在全国将成立合规与监管委员会，将合规业务列为机构重点优先发展的专业领域。

我跟姜律师学习交流颇多，提出的一个观点被姜律师所认同，就是律所比任何其他商业组织，在新形态下更应该关注自身合规工作，而且要有系统性防止合规风险事件发生的机制。律所要优先做好合规工作的四个原因如下：

一是这是由律师业务内容与特点决定的，律师提供的专业产品，是预防、化解、处理法律风险，主要工作内容本身就是帮助当事人完成合规工作。服务的全过程，无时无刻不需要合规合法。

二是随着律所规模、服务半径的扩大，律所作为无限连带责任的商业组织，风险会被无限放大，而且风险溢出点从专业服务开始扩展至组织运营的全过程，像律师与其他员工公开的言行表达等在之前不怎么会被关注的情形。

三是国家与行业监管的趋严趋紧。律所对政治政策的领悟能力越来越重要，在近两年的司法整顿风暴下，刑事风险、税收风险、行政责任都会成为律所的或然风险。应该说，中国律师作为新社会阶层，需要满足党和政府、社会对它承担更多社会责任、提升行业形象的期待，若在规范化方面存在差距，一定会被要求补正。

四是律所的品牌与声誉是生命，在自媒体时代，一些在其他群体里并不会形成舆情的事件，因为律师的行业特性，会形成热点事件而出圈。比如几年前深圳某位不知名的年轻女律师，在微博上凡尔赛式炫富，竟然上了百度热搜。

下面通过律师行业近年发生的几件热点事件，让大家明白，哪怕是一个普通员工的违规或违法行为，都会让一家律所十年的品牌投入毁于一旦，甚至关系到律所的生死存亡。读者可以通过公开媒体查到具体细节，鉴于尊重同行，在此一不展开内容，二不提真名：

1. 某红圈所合伙人男律师因为强奸女同事被抓。

2. 某知名律所合伙人将信托当事人的托孤资产转移至自己名下，判决书在坊间疯传。

3. 某律所创始人高某近日因涉嫌非吸犯罪被抓。

4. 某律所因为在一起培训中以最低成本解雇员工为题，受到中央多家媒体的点名批评，酿成舆论事件。

一家律所无论是为了生存，还是可持续发展，都迫切需要形成良好的合规文化。按照国际标准组织发布的 ISO/TC/309 标准要求，律所的合规文化要达成以下共识：

（1）合规工作是系统持续的过程，必须将律所的合规文化融入执业服务全过程，同时，渗透到全体成员的行为和意识中。在保持合规管理独立性的同时，最好将其与组织的其他管理过程、业务需求和程序相结合。

（2）一个有效的、全律所范围的合规管理体系，使律所满足相关法律、监管要求、行业规范和组织标准，以及良好治理标准、普遍接受的最佳实践、道德和社区期望的承诺。

（3）律所的合规方法是由核心价值观和普遍接受的良好治理、道德和社区标准的领导层塑造的。将合规融入组织工作人员的行为首先取决于创始人和组织的明确价值观，以及对促进合规行为的措施的认可和实施。

（4）律所可以确信的是，通过具有约束力的价值观和适当的合规管理的应用，可以维护其完整性并避免或最大限度地减少不遵守组织合规义务的情况。因此，诚信和有效合规是良好管理的关键要素。合规也有助于组织的社会责任承担。

基于以上认识，北京瀛和律师事务所已经启动了合规体系建设的项目，将合规工作进一步制度化、流程化、职业化，打造一家具有良好合规文化的律所。唯其如此，才能在全面依法治国的大时代中，找到自己的小角色。

像企业家一样思考，管理何以驱动律所发展？

众所周知，一般观念的律师事务所都是以专业化驱动的，而我所讲的是以管理驱动，这会不会产生冲突？在此，我想强调管理对律所的驱动发展，并不排斥和忽略专业化的重要性。

在过去的十年里，在整个律师行业中，规模化、专业化、品牌化、国际化是代表，也是潮流，但我们认为未来十年，律师竞争力提升很核心的一个点，也许是管理整合的能力。

我是谁？为了谁？依靠谁？

作为律所主任，如何团结好合伙人、如何服务好客户、如何在竞争中做大做强等，都是每天萦绕在我们脑中的问题。这些问题其实归结起来就是三件事情，即灵魂三问——我是谁？为了谁？依靠谁？

第一，我是谁？我有什么资源与能力开办并运营好一家律所？

第二，我为什么做一家律所？为什么当一家律所主任？很辛苦，对吧？当个律师挺惬意的，那么我们做一家律所到底是为了谁？为了自己业务做得更大，还是为了帮助他人过得更好，抑或是让这个行业因为我们的存在得到优化与改变？

第三，怎么做好一家律师事务所，我们依靠谁？

我最初被选调做过山东省公务员，2005年到2008年在新华社做过记者，然后作为律师在北京执业。过去十年，很遗憾错过了北京律师行业的发展，我到上海去了。我到上海创办了两家律所，第一个是北京盈科（上海）律师事务所，它是我一个人创办的，现在该所在规模上排名上海第二，已有700多名律师。第二家是瀛和上海，我们叫上海瀛东律师事务所。我来介绍一下上海瀛东与瀛和系成员的关系，这是瀛和一个比较有特色的地方。数字瀛和实际上是一个集体商标，它统称了瀛和在全球的每个成员所的名字，合在一块就叫数字瀛和。比如：上海瀛东律师事务所、辽宁瀛沈律师事务所、瀛坤律师事务所、广东瀛尊律师事务所等，都姓"瀛"，但是名字起得都带有当地的一些特色，有的是合伙人的名字，有的是所在城市的简称。

瀛和的这种模式被称为第三条道路做大模式，即联邦制——大家的产权独立，品牌相互连接，技术、业务、管理趋向一体化，介于紧密和松散之间的一种创新型互联网律师事务所。上海瀛东律师事务所在当时就是被我作为瀛和的一个样板来打造，创立九年后，发展到160名律师、200多位员工，创收连续六年过亿元。

在过去的十年里，我虽然拥有律师身份，但基本上就着重转型运营和管理了，即创办一家所、运营一家所、做大做强一家所，这是我的兴趣所在。作为律师，我虽然对公司治理业务很感兴趣，之前也在该领域做了一些学术研究，承办了一些业务，但主要的时间和80%的精力都是花在律所运营管理上。

管理的本质：有效地激发人的善意和潜能

我也是律师，就律师事务而言，做好专业就可以了，为什么还需要管理？记得我在十年前读过一本书，这本书是现代管理学之父彼得·德鲁克写的。

彼得·德鲁克在《卓有成效的管理者》这本书里说"管理就是有效地激发人的善意和潜能"，这句话对我影响特别深。律师事务所不就是靠专业来取胜的吗？难道合伙人把业务做好就可以了，管理在律所里有没有价值？

再后来等我决定做管理的时候，又看过一句话，"一个专业知识分子到了35 岁以后，一定要让自己从专业知识分子提升为一个管理者（team leader），变成一个管理团队的人，一个带头人"。这样你才能够把你的经验、技能传授给更多的年轻人，带动整个平台往前发展。所以这两个观点让我找到了做一个管理者和运营者的理论基础。

主任一定"要像一个真正的企业家一样去管理律所"，而不是只为主任这个身份做一家律所，以便于做业务。这是我在做盈科所一开始就坚持的一个观点，若强调管理运营，律所的主要运营者、管理层，应该大部分时间不在做业务，而是专心做管理，更不是简单请一个职业经理人管理律所，这是管不好的。

中国有一句谚语：庄稼不托手，买卖不托人。律所的管理，必然是管理合伙人的责任与义务。从管理学的角度来看，管理在激发人的善意和潜能。当前，一些做大做强的律所，无一例外是因为律所的主导者在激发律师和全体员工善意和潜能方面有其优胜之处，要不然制度特别优越，要不然氛围特别好，要不然专业的覆盖面特别广，最终通过管理整合来面向市场，获得竞争力。

律所的管理也是一样，应最大限度地激发所有的合伙人及律师的善意和潜能，包括前台、行政人员，甚至保洁阿姨，让他们也能多挣钱，发挥自己的能量。

管理者最重要的品质——谦卑

专家发现，卓越的企业家身上都有一种非常棒的品质。美国一位管理学权威走访了部分 500 强企业领导后，历经三年访谈，得出结论：卓越的领导者身上有一个共同的特征——谦卑。在事业做大做强之后，还能充分地尊重每个人，激发周围人的潜能，这才是真正的企业家。

如果说让我总结十年的律所管理经验，"谦卑"这两个字还是蛮重要的，因为律师事务所是行业人才济济的地方，大家都受过良好的教育，一些人具备良好的资源与背景，在业务领域是行业翘楚。那么，这些人在一起工作和生活，要让彼此都能瞧得上才行。

作为管理者，你要营造一种氛围——我要用谦卑之心对待每个人，能够尊重每个人，别人也尊重我。所以说，企业家身上的品质，也应该是律所主任身上都应该有的一种品质：谦卑。

这里讲的东西可能比较虚，但确实是管理方面的理论基石。有一年冬天，我读了一本书，估计很多律师和主任都看过这本书——《原则》。这本书印证了我在管理方面一些非常重要的心得，就是 12 个字，无论是生活还是管理，都是核心原则：极度求真、极度透明、极度公开。

大家想一想，这 12 个字，我们在做管理的时候，在与一群人相处的时候，是否能做得到？其实包括我自己，远远没达到。你的心态是不是开放？你对合伙人的事务是不是极度透明？律所的发展让每个人都能够享受它的实惠，这些原则附有非常细化的标准，让我感觉离一个优秀的企业管理者还有很长距离，这也是我们终身为之努力的方向。

律所管理的价值到底有多大？

管理的价值很重要，但是管理的价值到底有多大？每个人的认知是不一样的。

以我自己为例，过去十年里，亲手从零开始做了一家有 300 人的综合性律所，又做了另一家有 150 人的精品律所，都是在上海。有些人做律所，可能十年、二十年都没有做成一家大所，当然每个人追求不一样。我认为律师事务所的核心在人，能不能团结更多人，这件事情非常重要。

从这个角度来看，真的不在意有多弱小或多强大，而在于你的管理思维，你的管理价值能不能凸显出来。弱小与强大都不是问题，傲慢才是问题。从办所之初一个人也没有，到最后能够完成一个大所的转身跨越，我认为这是整合的结果，不是专业养成的结果。

当然我们也看到了国内有很多优秀的律师事务所，如红圈所，就一步步通过专业的拓展，慢慢从业务导向开始做大做强。但是未来市场不会留给我们太多机会，我觉得未来的机会来自主动的规划和整合。

因此，对于从零起步的律所，管理的价值就是从零到一百的这种价值。

我是唯一一个在上海用了三年时间给老东家买楼的执行主任，在上海的中环园区买了独栋办公楼，当时花了两亿元人民币，现在独栋办公楼都价值四亿多元人民币了。无论我曾经所在的盈科所，还是瀛和，只要我去做，综合排名都是第一。这一点能说明什么？就是管理与管理者的价值。

若不是管理，能产生裂变性效果？中国 95% 的律所都是中小所，如果你想做强做大，管理绝对起主导作用。

北京瀛和律所的现状与未来走向

2019 年，我来到北京，在瀛和平台化转型升级布局的重要背景下，即提出平台化、产品化、数字化与一体化的新战略下，创始人希望我到北京来，重新把北京瀛和律师事务所牵头做上去，同步推进京沪一体化及全国业务一体化。因为在过去的十年时间里，我们瀛和做了 300 多家国内布局，在管理和赋能方面做得非常好。但是我们因为精力有限，北京这家旗舰所一直没有花更多的力气去把它做好，我来了之后，完成了两个主要任务：一个是重组了北京瀛和律师事务所，另一个是重新选了办公楼。

关于业绩，过去的十年创收，以瀛东为例，年均 30% 的复合增长。在人员数量没增加的情况下，创收增长说明什么？就是内涵性增长，即让合伙人创收不断进行叠加。目前北京所的情况简单给大家介绍一下。瀛和北京律所有将近 100 人的规模，过去几年发展是比较慢的。北京所今年重新起步。

先简单说一下律所管理和创业的主要体会。我认为未来律所的管理运营，是在突出这种竞争的方向，就是律所的整合能力及律师的创新能力、服务能力，成为律所运营的重点。

在不到十年的时间里，瀛和在互联网科技＋法律方面的成绩还是很打眼的，我们孵化的法大大平台，是"法律＋科技"，在行业内排前两名。2020年年初，腾讯和老虎基金共同投了 4 亿元，我们已经领赢了一个身位，就是在法律合同签约平台上，包括在线仲裁。

瀛和总部这边，我们开发了针对 B 端的企业法律顾问系统，还有针对律师内部的数字化系统，在数字化互联网弯道超车方面，一家创新的律师机构，要有新的手段、新的模式、新的竞争力推动。

律所管理：像企业家一样思考

律师事务所管理整合的方向，与企业家整合资产要素相似，要有效整合内部资源，匹配外部市场。律师服务，其实一个是供应端、一个是需求端。在供应端和需求端中间就是律所的管理整合能力。

只有好的管理政策，才能够有效地把供给侧和需求侧整合在一起。为什么管理这件事特别重要，特别有价值？第一，我们越来越有共识，超过一定规模的律师事务所和企业是一样有独立商业价值的。传统律师事务所把行政人员叫行政辅助人员，实际上我认为这是错的，行政辅助没有把管理专业化拔出来。

如果你把律所当作一个商业机构来理解，行政、人事、品牌、党建、财务、公关、技术、市场、知识管理、公共关系、物业管理，样样都是专业的岗位，专业岗位需要专业人才、专业运营。一栋大楼几千平方米，物业管理、安全消防是不是都需要专业管理？

第二，我们认为，一家律所，职能部门的人数可以少，但是管理者必须像一个企业家一样思考律所的管理，可以一岗一人、一人多岗，但是每个岗位都是一份专业工作，而做这份专业工作的人要有专业技能和素养。

所以，我认为北京瀛和运营管理层需要五个人，这五个人一定要成为非常优秀的专家，我愿意开很多的薪水，让他们运营：人资开发、业务中心、品牌建设、市场建设、行政运维、知识管理。值得强调的是，人资管理不是管理，而是把人力当作资本开发。而业务中心，一方面连接市场服务能力，另一方面匹配所内优秀服务能力。

第三，就是品牌建设，品牌是律所最终竞争的核心。

第四，就是市场，更需要懂业务、懂营销的人才参与进来。管理稍微走向职业化，都是真正的现代化管理要素组合。

律所运维的大中台时代到来

什么叫大中台？比如律师事务所，我们把律师业务承办看成前台，那么前台的律师在外面冲锋陷阵，后面的行政支持、市场支持、品牌支持、知识管理支持等琐碎性或者事务性工作，有没有人去支持，还是每位律师都亲自从头做到尾？

我曾与二中院一名法官交流，我说法官从立案庭到审判庭到执行庭，至少有流程化分工，而大部分律师连装订案宗材料都是自己亲手做。我觉得分工还没有真正完成。所以，律师事务所要提升竞争力，一定要在大中台后面的一体化整合方面做工作。

管理能够输出效益，管理能够产生效益。几年前，我个人带领市场部就能为整个律所创造1000万元以上的业务，这全拜整合性营销所赐。一家律所整合性营销，就不是某个合伙人片面地代表团队去整合业务能力与市场渠道，而是全面代表这家律所的服务能力，举全所之力服务好大客户。因此，整合性营销的魅力，在于赋予律师事务所独立的市场价值和商业价值，而不是让这些价值散落在合伙人手中。

可能有些同人不同意，认为律所只有合伙人的业务，没有律所的业务，认为资源就应该集中到合伙人身上。我认为这是有问题的。一家治理良好的律所至少符合三个要素：第一个是客户服务好；第二个是律师感受好；第三个是律所的发展可持续。

如果律所没有公共投入，律所的品相就会越来越差。而形成公共积累来完成律所的后续发展，律所会反哺合伙人的成长，二者是相辅相成的。

卓有成效的运营，才能够从市场上拿到溢价，从品牌上拿到溢价，通过整合性运营商拿到溢价，律所的公共积累才会越来越好。上海瀛东律师事务所现长期在账上沉淀有几千万元资金，可以为律所的创新发展提供动能。

将来律所的发展不只是拼律师执业的成本，你提供 80% 提成比例，他就提供 90% 提成比例，甚至还有律所提供 100% 提成，构建执业零成本。其实律所竞争力还是要靠律所和律师形成一种有效的良性互动。卓有成效的运营，要做到即使我的分配比例没有同层次的律所高，但优秀律师仍然愿意来，那这个律所就很牛。

律所加强管理的深层逻辑与路径

最后一个话题就是如何对律所进行卓有成效的治理。有没有卓有成效的方法呢？我也简单分享一下我的思考。

第一，从产权逻辑来解决律所的发展问题。

从顶尖层面，即从宪章层面，要拟定这家律所的宪章，形成一个科学的产权结构。律所除了合伙制这种传统体制，可以借鉴股份制商业主体的一些运营元素，形成一种治理结构，即议、决、行、监的体系。

传统律所的合伙制是议、决、行三位一体，这不符合科学治理逻辑。当然律所和公司是不一样的。

议、决、行、监四个机构有了以后，一切就纲举目张。其实它们解决的是这家律所的产权归谁、投资合伙人是谁的问题。管委会是日常决策机构，是按照人头逻辑，还是按照投资逻辑运行？首席运营官应由职业经理人担任，还是由投资合伙人或管理合伙人担任？谁来监督管委会与执行层的运营，监事会怎么产生？由谁组成？基本的运行规则如何？这四个机构一定要像商业主体一样运行。

第二，建立管理合伙人与职业经理人相匹配的管理运营班子。

律师事务所如果想做大，完全依靠职业经理人是不够的。我曾与大成所的终身名誉主席王忠德老师交流，管理合伙人管理所还必须配上强有力的职业经理人，而职业经理人必须得到管理合伙人强有力的支持，管理合伙人则要得到管委会足够的授权。也就是说，所里 90% 以上的事情由管理合伙人与运营层就能拍板决定了。这样，职业经理人才有力量去推动律所的发展，才真正称得上管理驱动律所。

第三，建立一套卓有成效的运营支持系统。

我在律所行政运营团队提出"两个原则"，即"凡是有利于客户服务的事情都要支持，凡是有利于律师在瀛和这个平台上执业的事情都要支持"。

对原有运营系统的升级，我尝试在律所层面设立 MCPS 四个部门，推动从市场到业务的整体赋能。MCPS 即 Marketing（营销）、Customer（客户）、Product（产品）、Service（服务）模块。这四个部门是干什么的呢？就是相当于律所的大中台、大后台，最终建立一套支持系统。我认为这是方向。

律所要形成自己的核心价值观

最后想说，一家律所文化形成有多个层面：势、道、器、法、术，而律所持续的竞争力靠价值观。

很多人问我，你如何形成律所的核心价值观？平台上有那么多与你想法不一样的人，每个人都会给你挑毛病，每个人都觉得自己很牛。那么，怎样才能形成律所的核心价值观？

律所说好管也好管，依赖律所的价值观管理的相对好管，沟通成本降低，冲突会在更高层面上解决。一定要牢牢树立创始人的价值观，起初，主要创始人的价值观就是律所的价值观，慢慢地影响的人多了以后，物以类聚，人以群分，吸引了志同道合的人来，就把律所的价值观沉淀下来，从而扩大"战果"。

我一直认为一家律所的核心层面不需要太多人，根据吸引力法则构建核心团队，找三五个气场一致的合伙人撑着你，这个律所就能做起来，就能干出一些有成效的事。古语云，少就是多。

风行律师界的计点制长什么样：附模板与方案

幸福股权团队在内部推行一体化、计点制方案后，时常被同行或者企业界朋友寻求模板与制度方案，为避免重复沟通，作为为企业提供股权治理、股权激励服务的团队，我们乐意分享与公开我们的研究成果。

附：

幸福股权团队计点制考核与分配原则

（试用版 2018.10）

【计点制定义】

计点制是团队在绩效考核与分配上的一种制度，加入计点制的合伙人，根据价值与资历等多种因素考量并加权，每年度被赋予一定的分值，扣除团队各项成本与公共积累后，净利润核算总量除以合伙人全部分值，即得出每一分值对应的单位利润额，借此计算每位合伙人的分配收入。

一、背景与目标

1.1 以客户满意度为旨归，以专业服务为本，以产品化、流程化、品牌化为原则，以业绩考核目标为团队激励基础。

1.2 注重价值观与共识机制，在此基础上平衡资历、付出与团队绩效，鼓励团队化运作；重视团队短期绩效激励与长远目标相结合的平衡原则。

1.3 在保障公司的可持续发展基础上，团队从关注个人业绩，到关注推动团队业绩倍增，实现团队一体化公司化运作，实现公司发展各阶段目标。

二、计点制设计的基本原则

2.1 对象：只针对经过全体合伙人 3/4 以上投票通过，纳入合伙人梯队的人实施。原则上须在团队工作一年以上，咨询业工作三年以上，个人提出申请，价值观考核过关，各方面能力匹配，且在全体合伙人会议上通过。

2.2 基础条件：客户归属团队，资源归属团队，共担成本，共享收益。综合各维度给合伙人团队成员打分，根据个人绩点占总绩点的比例分享团队净利润。

2.3 统一核算成本：收入＝成本＋发展基金＋合伙人分红。即全部公共化成本预先扣除，除非是第三方外部渠道成本及基本薪酬，合伙人的业务成本不做扣除。

2.4 动态调整原则：点数调整遵循渐进原则，既要能上能下，又要有一定限制；既要拉开一定限度，又不要过大；既要考虑到资深合伙人的贡献，又要保护鼓励年轻人的积极性。

三、计点制分值的设定

3.1 创始人首先依据一定标准，选拔出合伙人，一般综合考虑各方面因素选拔出德才兼备的合伙人：

表 1 选拔计点制合伙人的标准

重点关注	综合评价	备注（定义与解释）
健全的人格	一票否决	1. 对欲加入的股东拥有的禀赋、能力、水平、资源等条件加权得出一条线，线以上的采用。
价值观与理念	一票否决	
个人职业规划	未来是否契合	
工作能力	可以量化	
资源（人脉与资金）	可以量化	
工作时间	可以量化	

续表

重点关注	综合评价	备注（定义与解释）
婚姻家庭	可以定性	2. 合伙人引进，除了价值观与愿景，重点关注差异部分，以相互匹配与支撑。
背景（性格、生活、习惯、籍贯等）	弹性供参考	
颜值	仅供参考	举例：图 1 是 5 位拟选拔的合伙人，结合重点关注考察象限为其打分。
综合评价		

（分）

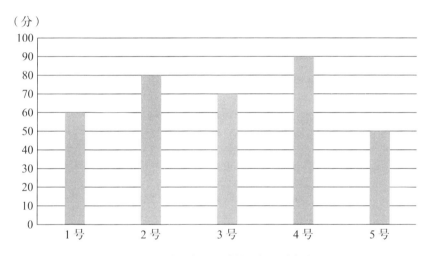

图 1   5 位拟选拔合伙人选拔加权后的柱状图

3.2   年度考评动态调整时，基础计点分值考核维度：

表 2   动态考核的要素与权重分布

考核项目	分值（分）	权重	考核基础
价值观	0—10	40%	参照幸福力十六元素
入职时间	0—10	5%	每增加一年，增加 2 个点
入伙时间	0—10	10%	每增加一年，增加 5 个点
学历学养	0—10	5%	每修一个 12 月期的正规教育，增加 5 个点
咨询业经验	0—10	5%	一次性用尽

续表

考核项目	分值（分）	权重	考核基础
个人在团队中的价值（见附2）	−20—20	10%	根据综合绩效、能力、团队带领、付出意愿每年弹性调整，可上可下、可增可减
创始人评价	−10—10	10%	每年度可以增减
其他同事评价	−10—10	5%	每年度可以增减
成长性评估	−10—10	10%	每年度可增可减
总括	在区间内打分	100%	1. 价值观与定量考核相结合；2. 过去、当下与未来相平衡；3. 动态股权调整原则

四、净利润的构成

4.1 团队净利润＝开票收入－团队成本－团队公积。

4.2 成本类型：税收、办公成本、人员工资社保、年终奖、培训费、办案成本、市场品牌成本、税费成本、外部渠道成本、技术成本及其他管理成本。成本支出，以年底核算为原则，透明、公开、合理进行支出。

4.3 发展基金：开票额度的10%为资本公积，作为律所未来发展的支持资金池。

五、计点制的实施

5.1 初期由全体合伙人在财务部与人力资源部的配合下统一实施；后期随着合伙人人数的增加，成立绩效考核委员会，统一考核与分配。

5.2 与计点制的实施相配合的，要做好授薪团队的考核与选拔机制，做好市场、品牌、客管、技术、公关、运维等相关制度安排。

5.3 合伙人参与本机制的，要签订竞业禁止协议，在职时不得谋求团队外的个人私利，离开后不得谋求团队客户资源的任何业务，严禁商业上的同业竞争行为。

附1：分配举例

某团队有三个合伙人，分别是90点、50点、40点，2018年团队可以分红的利润是 900 万元，那么这个团队的单点价值就是 5 万元，三位合伙人的分红分别是 450 万元、250 万元和 200 万元。

附 2：清单表格——能力

表 3　能力要素

胜任力分类	职类				
	服务类	管理类	营销类	技术类	支持类
战略思维					
团队合作					
主动性					
人际关系建立					
沟通					
服务精神					
创新					
工作品质					
分析性思考					
组织认同					
领导力					
学习精神					

附 3：团队价值观

幸福力十六元素

看见　听见　好奇　学习

乐观　无惧　诚实　界限

信任　创造　感恩　分享

接纳　开放　谦卑　敬畏

我对律师行业的观察和认识：兼回王明夫先生

管理咨询界的领袖人物、和君商学院院长王明夫的一篇点评中国律师行业发展的演讲，在行业内外甚为流传，影响甚广。我认真阅读了王明夫先生的观点，整体感觉讲话中肯，发人深思。当然，有个别表述偏颇，值得商榷。

表1是我的20点学习体会和点评，不揣浅陋，狗尾续貂，以求教大方之家，为行业发展贡献绵薄的思考。

表 1 对王明夫先生观点的对照点评

序号	要点	王明夫的观察与认识	点评
1	律师价值	于人生、于家庭、于企业，律师都很重要。每一个成功的人生、家庭和企业，背后都应该站着一个好律师。这个认识，约等于废话。但我经历了很多人和事直到50岁以后，才真正体会这句"废话"。它对律师意味着啥？当越来越多的人体会到这句"废话"之日，也就是律师业务市场兴旺之时。	这绝对不是废话！但没有说全。 律师的价值岂止为自然人、家庭与企业提供全生命周期服务？从更宏观的政经视野看，律师是推进全面依法治国的重要力量，也是在国家治理体系和治理能力现代化中发挥积极作用的新社会阶层。规范的定位表述请见《中华人民共和国律师法》第二条的三项核心职能。
2	好律师	好律师是稀缺资源，供不应求，可以很贵：一是价钱贵，把自己搞得很富裕，不难，因为你很贵（Big Value）；二是身份贵，角色鼎重，受人尊重，我在很多场合都感受过好律师受到客户和友众的敬重、礼待，俨然如"师者"。	什么是好律师？行业内外并没有一致的标准，缺少共识的评价体系。外部只能从表象看这个行业，比如，认为律师是相对富裕的中产阶级。 但这个表象背后与钱无关，受人尊敬的背后是专业的品质、职业的操守、睿智的卓识与谦谦君子的风度。

续表

序号	要点	王明夫的观察与认识	点评
3	孬律师	律师从业者良莠不齐、鱼龙混杂，抛开难以客观实锤的人品和操守不谈，单就专业水平论，不少律师是水货，搞不明白状况，看不到案子的要害，混吃混喝，误人误事，投机取巧，油油腻腻，低端生存。	要警惕这种评价！作为知识性服务业，律师行业整体的道德，无论是应然的还是实然的，职业操守是高于其他社会阶层的。至少在我接触的京沪律师中，王明夫说的这类律师是非常少的。 不过，因为行业发展的不均衡性、历史职业门槛等要素，个别从业者的不良行为确实影响了行业感观。随着风纪加强，更多优秀青年才俊的涌现，这类人注定会大面积退出历史舞台。
4	增长	过往二十年，律师行业处于长期增长趋势，类似于股市里的一波长牛市。尤其这几年，律师行业堪称繁荣，供需两旺。在这个大势下，中国本土诞生了一批头部律所，人员规模达到了几千人、奔万人，营业规模达到了几十亿元、破百亿元，可喜可贺，值得点赞！补一句，律师行业虽然牛市了二十年，但目前还处在牛市中前期。	此言不虚！过去二十年特别是近十年来，单论规模，做大做强成为行业的主流趋势。一方面是全面依法治国与市场需求井喷的大环境；另一方面是行业从业人员的两位数复合增长，加上组织的自觉，规模化、网络化带来巨大的溢出价值。 我曾以人数复合增速10%测算过，2030年中国律师人数会超过150万人。如果律师增速长期完胜GDP增速，应该是喜忧参半。
5	竞争	律师的业务竞争，要害不在于这个律所与那个律所、这个律师与那个律师之间的竞争，更不在于价格之间的竞争，而在于律师跟自己的较量，来一句心灵鸡汤，叫"做更好的自己"，让自己更能洞察客户的需求、命中客户的痛点、解决客户的问题。不在这个方向下足功夫，律师生涯将暗淡无光。借用托尔斯泰著名的句式，平庸的律师都是一样的，精彩的律师各有各的精彩。	同意这个说法。以解决客户需求为导向的服务，永远不会没有市场。何况，法律服务市场有区域不均衡性、代际传承更新加快、执业边界破圈、新业务蓝海不断被激发出来等特点。瞄准前进的方向，而不是你的对手。在这个行业，个人觉得未来一定是合作大于竞争。因为，我们共同的竞争对手可能是职业泛化的科技公司、四大会计师事务所或其他咨询服务业。

续表

序号	要点	王明夫的观察与认识	点评
6	律师的素养	出类拔萃的律师，其过人之处，不在法律方面，而是"功夫在诗外"。律师的"诗外"是什么、在哪里？是三观，是文史哲，是经管商，是信雅达，是情理法，是智仁勇，是世事洞明皆学问、人情练达即文章。木心说：缺乏审美力，是绝症，知识也救不了。仿照这个说法，律师缺乏"诗外功夫"，是绝症，法律知识救不了他。我一直想在和君商学院开办专门的"律师班"，构建律师的复合式知识结构和通识博雅，培养律师的诗外功夫。	所言极是，律师的职业决定了我们具有复合型素质，至少成为一个杂家或斜杠青年。 律师要有四种才情，穿梭于事实与法律之间，即哲人的思辨、诗人的激情、法学家的素养与政治家的视野和格局。就像有评论家所言，在使命、良心与正义之中，即使做一个"花瓶"，也要做一枝含露带刺的玫瑰。 值得一提的是，有时美感与敏感，也是一种天赐的品格，后天再怎么努力也补不上。
7	诉讼	诉讼律师是个江湖，意会不宣，深究无趣。	作为非诉律师，对这个不想多谈。但我相信，法庭未必是律师的主战场，只是律师攻防之战的核心环节。
8	非诉业务	非诉业务，市场潜力还大得很。单就我个人比较熟悉的公司法、证券法、投融资、家族办公室、企业法务等领域，还蕴藏着海量的律师业务需求未被发掘、未被满足。	非诉业务潜力很大，而且随着产业细分与行业细分，异业跨界融合与商业线上化，会有几倍的机会被创造出来。我们是做拓荒者，还是做追随者，全看价值选择。
9	资本业务	科创大潮下的知识产权领域、注册制和新证券法下的公司和证券领域，是含金量很高的两个业务热地。律师从业也是生意，要寻找含金量。	知识产权业务、资本证券业务，我一直认为是律师业务的掌上明珠。一个是离科技 IP 最近的行业，另一个是离钱最近的高频交易行业，都是百万亿级的广阔大市场。
10	两极化	律师行业的格局大走向：一边是头部大所，一边是精品小所（类似于投行业的 Boutique[①]）。不走向这二者的其余律所，都得死，不死也是苟且偷安的平庸之所。	是否走向两极，取决于四个方面：一是行业法律与政策变化；二是行业竞争的状态；三是律所领导人的组织觉醒；四是科技驱动创新。

---

① 指精品投行。——编者注

序号	要点	王明夫的观察与认识	点评
11	信息不对称	律师业务市场的一大特点是：信息不对称状况严重。供给端找不到需求端，需求端找不到供给端，就是律师找不到他要的客户，客户找不到他要的律师，两边都着急，很像婚恋市场。供需两侧的适配，基本上靠缘分，变成低概率事件。这是抑制律师业务市场发展的重要因素，注意：不是需求不足，是信息不对称抑制了需求的释放和成交。	除了信息不对称外，我还想强调另外一个壁垒，就是信任不传递。解决律师的信息不对称问题，靠的是行业数据的在线化、透明化、可视化，靠的是行业评价的客观性、科学性、全面性。 但要彻底解决信任不传递问题，却需要花费很多工夫，毕竟个性化、人身性、差异性、无形化，是行业的特征。AI解决不了当事人的"情感按摩"与"心灵疗伤"问题。
12	营销革命	谁能解决信息不对称问题，谁就能改写律师行业的格局。营销方式的突破，是解决信息不对称的一条路。律师行业，欠一场营销革命。行业竞争激烈，还能杀出一条血路、异军突起的律所黑马，可能是从发动一场营销革命下手的。	营销革命的基础技术条件已成熟，市场能力建设，一定是未来律所比拼的重要赛场。只是目前的交易流量、场景与场域在哪里仍然有待开掘。
13	职业泛化	律师行业的王者或霸主，可能在律师之外。此话怎讲？互联网是解决信息不对称问题的最有效途径；AI对大量律师工作的替代，是不可逆转的大趋势。主宰律师行业格局的，可能不是做强做大了的TOP律所，而是跨界打劫侵入律师行业的外行，类似于百货零售、出租车等行业发生的情形。没有哪个做大了的出租车公司成为行业霸主，而是从来没有做过出租车生意的Uber、滴滴突然冲进来，一举主宰了出租车行业的格局。	借助大数据挖掘、区块链、云服务，AI+律师＝智能律师，代替大部分律师的非创造性工作，这个一定会到来，但不好预测时间点。AI如果不在语义分析、算法上突破，充其量就是一个律师助手。但是，可以预言的是，律师的工作工具、组织形态、产品服务、交付方式，都会产生革命性颠覆。

序号	要点	王明夫的观察与认识	点评
14	终结者是谁	从产业史的规律来看，一个行业的成长期和扩张期，是逐鹿中原、终局未定的时期，只有进入稳定期和衰退期，终局才会出现。中国律所的竞争态势和行业格局，至今还尘埃未定。目前的几家头部大所，20年后未必还在头部。律师行内的芸芸众生里，隐藏着后起之秀；律师行外的茫茫人海里，隐藏着跨界打劫者。	从产业史的思维来看，判断一个行业成熟的标志，就是针对这个法律服务行业的配套服务业的崛起，比如知识、传媒、营销、技术、咨询、硬件设施等，目前仍然没有达到这个时点，估计在律师行业收入规模达到3000亿元以后会出现，并有公司IPO为标识。请新兴服务业者在十年内静待花开。
15	管理驱动	律所很难管，因为律所的人都是高学历、高才学，讲平等、讲权利，善辩、维权。律所治理之难有点像当前美国的国家治理，左右都难。威权制和民主制都可以成为律所治理的好模式，当然也容易沦为糟透了的模式。缺乏威权领袖的律所，民主制是表面平权和尊重，实则低效甚至失效，迷恋平等和尊重就是自绝于效率，遇事相互看、缺担当。依赖威权领袖的能力魅力而崛起的律所，最大的瓶颈和危机就是领袖的能力魅力，往往成也萧何，败也萧何。	未来，一定是管理驱动律所，这个渐成行业共识。 但是卓越的律师事务所与平庸者之间的距离，确实在拉大。靠卓有成效的管理者会完胜这场比赛。 发展战略、产权模式、决策模式、分配模式、营销与品牌、协作与共享等，无不考验着创始人的智慧与格局。
16	律所领导者	做律师与做律所，是两种很不一样的能力。好律师不少，好的律所领导人和管理者不多。大学里一个优秀的教授去当校长可能会搞得一团糟，医院里一个优秀的医生去当院长可能是医院发展进程中的噩梦，一个优秀的律师可能是一个糟糕的律所主任。	至今大部分律所都没有产生卓越领导者的土壤，大学更培养不出来。律所没有对决策权、管理权与收益权做有效区分，也没有形成议、决、行、监的管理层级，在责、权、利、险、能方面没有清晰匹配。 从管理者到领导者，从控制力到影响力，还有很长的路要走。

续表

序号	要点	王明夫的观察与认识	点评
17	律所竞争	律所竞争，表层拼的是品牌知名度和客源。中层拼的是人，即律师队伍的规模和素质，看一个律所的档次高低，就看两个指标：一是校招的起薪；二是人均营收。深层拼的是组织。什么样的组织就聚拢、沉淀什么样的人。组织的要点有三：律所的治理（结构和规则）、利益机制和绩效体系、IT系统。看一个律所有没有远大的理想和前途，看一个指标就够了：它每年的IT投入占营收的比例。怎样打造一家基业长青的卓越律所或律师集团？请和君咨询做顾问。	这是一条硬广告。确实指出了竞争的维度与层次。 但是我认为一家伟大的律所，应用时代动力与明天思维看，核心竞争力的塑造，首先一定是愿景、战略与使命；其次是人才与专业；再次是产权与组织效能；最后是技术与创新。最终，品牌知名度和客源只是呈现的结果。
18	全球化	往远处看，未来二三十年，一流的中国律所必定是全球化布局的。不能全球化的中国律所，充其量是二流开外。	虽然当前有民族主义的逆势之潮，但是全球化势不可当。未来，在全球布局的律所一定可以抢得先机。
19	同业	律师、会计师、管理咨询、投资银行这四个行业是最邻近的"同行"，在我眼中几乎是同一个行业（律师中的诉讼业务除外）。就我个人的观察，过往20年来，中国本土的投行业挣钱最多，律师业发展最快，会计师行业次之，管理咨询行业发展落后。20年前，北京的领先咨询公司和领先律所，规模相当；20年后，和君咨询是亚洲本土最大规模的管理咨询机构，但比最大规模的中国律所小很多。中国律所，好样的！	我相信，中国律师业一定会发展得更好更快，比会计师、管理咨询、投资银行，有更广阔的发展空间。 而且可以预言的是，随着跨学科跨行业优秀人才的持续拥入，律师"破圈"能力会大大增强，执业的空间，会深度介入咨询、金融、财税领域，与原来仰慕的异业可替者并肩，为客户解决越来越复杂的问题。

序号	要点	王明夫的观察与认识	点评
20	展望	律师业的高度发达和繁荣，是中国传统伦理、结义文化和人情社会解构和嬗变的标志性事件。这对中国的社会治理，甚至对中国人的人心、人性和生命意义，都将产生深远影响。是好是坏，见仁见智，一言难尽。	律师业高质量发展，是未来市场经济的必然产物，也是司法结构里不可或缺的"在野法曹"，更是推动社会高度文明与科学治理的重要力量。同时，有作为才有地位，时代呼唤行业领袖！

二、实践的启示

海底捞 520 页招股说明书的启示

海底捞曾因为创始人的股权结构不合理却得到完美化解的案例，被各类股权激励培训机构讲师反复作为经典使用，张勇与施永宏因其格局与大气，终成一桩美谈。

海底捞登陆港交所后，团队认真研读了 520 页的全球发售公告与招股说明书。张勇夫妇持股 62.7%，仍然绝对控制公司。作为年入百亿元的公司，招股说明书并没有提到股权激励，也没有员工持股计划的安排，且除了最牛服务员杨利娟等个别员工外，一场 IPO（首次公开募股）、一席造富盛宴，分享宴席的人却寥寥无几。

这是为什么呢？这引起了我们的好奇。通读招股说明书后，我们理解了海底捞并没有使用通行的股权激励方式，锁住利益与管理，没有用股权对核心员工与利益相关方进行绑定。

那么，让海底捞全体员工拼命干的核心机制又是什么呢？通过招股说明书，我们看到了八个字："连住利益，锁住管理。"

海底捞集团认为，餐饮服务行业是劳动密集型行业，如何实现规模化、标准化，控制食品安全，是长期存在的共同痛点。解决上述行业挑战的核心就在于这八个字的独特模式。

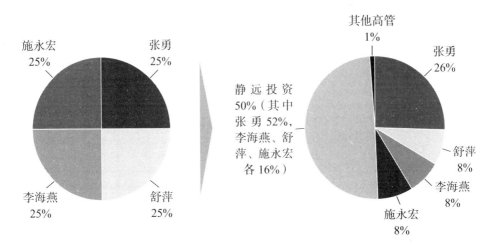

图1　海底捞从最初到上市重组前的股权变化

"连住利益"是高度统一员工与公司的利益，充分激发增长活力。"锁住管理"控制系统性风险，为海底捞长远发展保驾护航。

他们相信，这种模式可以超越文化和地区的边界，满足人们对美好生活的普遍追求，并已成功运用于中国及海外市场。根据此模式，可以平衡四组关系。

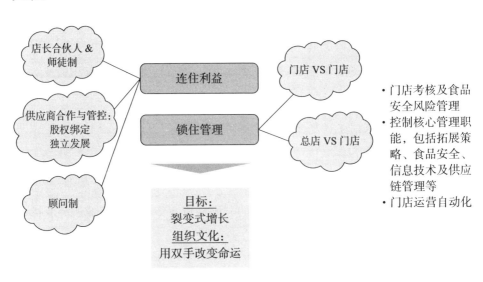

图2　股权控制下的海底捞公司管理

员工与门店的关系

主要包括以下三个方面：

1. 用双手改变命运

这是海底捞的核心价值观。为门店员工设置了公平、清晰的晋升通道，并且实行"计件工资"制度，让员工的个人薪酬与劳动数量、质量直接挂钩，有效调动了员工的工作积极性。而且一旦晋升为店长，就有机会享有门店业绩提成。

张勇曾坦言，他们每天朝思暮想的主要问题，就是如何更加公平地对待利益相关方。

2. 师徒制

师徒制绑定了店长与集团的利益。店长不仅可以对本店享有业绩提成，还能在其徒弟、徒孙的门店中获得更高比例的业绩提成。

在此薪酬体系下，店长的个人收入与其徒弟、徒孙是否获得成功直接相关。因此，店长不仅具有充分的动力管理好自己的门店，还坚持公平公正的原则，尽可能培养出能力、品行都合格的徒弟店长，并带领和指导他们开拓新门店。因此，师徒制是其自下而上发展战略的核心，从而实现裂变式增长。

3. 与人为善

这是海底捞的企业文化，也是对待员工的理念。号召店长关怀员工，并致力于形成员工之间、员工与门店之间及员工与海底捞之间的情感纽带，增强凝聚力。

由于海底捞自下而上裂变式增长，总部并不制定固定开店目标，而是根据后备店长储备等因素来合理估算开店能力。

门店与门店的关系

海底捞在招股说明书中披露，为了避免随着规模扩大而滋生出冗繁的总部，他们致力于在门店之间形成有效、合理的互助关系，以显著提高管理效率，并化解部分总部职能。

在师徒制下，师傅与徒弟、徒孙利益高度统一，门店与门店之间已形成自然、牢固的互相帮助关系。

此外，海底捞要求地域相近的若干门店形成一个"抱团组织"（又称家族）。这些抱团组织通常包括 5 至 18 家门店（通常是以存在师徒关系的门店为主），由有能力的店长担任"组长"。在抱团组织内，门店因分布在同一地区，共享信息、资源，具有共同解决当地问题的能力，有效实现一定程度的自我管理，提高管理的透明度和效率。

据了解，截至公开发行股份之日，海底捞已正式成立 37 个抱团组织，涵盖超过 300 家门店。集团要求每个组长制订出本抱团组织的长期发展计划，新店开拓，人才培养，目标明确，促成下一代组织裂变，从而实现集团战略。

总部与门店的关系

总部赋予店长较大的门店经营自主权，如门店员工聘用、解约、晋升、个性化服务等，但由总部统一控制系统性风险，为门店提供核心资源和可选服务，实现"锁住管理"。方法如下：

1. 门店考核及食品安全风险管理

取信顾客，服务连接，这是品质价值与社会价值的根基。海底捞放弃了对门店如翻台率定量考核机制，而仅以"顾客满意度"和"员工努力程度"

作为 KPI（关键绩效指标），而不考核门店的经营与财务指标。

张勇解释，这样做的目的，就是薪酬体系已充分激励店长和员工，业绩可以获得基本保证，因此，敢于挑战这一考核方式，并证明这是行之有效的。

他们将门店考核结果分成 A、B、C 三个等级，分别代表优秀、良好、不合格。一旦被评为 C 店，店长不能于下季度开新店，而一旦存在食品安全事故，自动评为 C 店。在如此严格的考核下，门店有效地平衡了发展与风险的控制。

2. 控制核心管理职能

总部有效控制门店管理的核心环节，包括拓展策略、食品安全、信息技术及供应链管理等，以保证标准化、规模化增长。

比如，在门店布局中，为持续提高各城市的门店密度，会强制要求各城市按一定比例开设，从而影响翻台率甚至亏损。此项战略规划由总部全权决策和推动，尽管总部与部分店长的利益存在冲突，但不会因为店长意见而改变。

3. 可供选择的指导与支持

海底捞特设的教练团队会根据门店的需要，提供指导与支持，包括拓展商业谈判、菜单制定、装修设计等各个方面，以确保门店质量的一致性。

为提高效率，门店可以自主选择教练团队，而总部教练的薪酬则与整体利润的增长量相挂钩，从而保证教练给予门店充分的指导和支持。

海底捞与第三方服务供应商的关系

创始人张勇充分认识到行业的痛点，即餐饮业中缺少针对大型连锁企业的专业化服务与供应商，尤其在食材加工、仓储物流、门店设施及人力咨询等方面。

因此，他本人陆续成立了从事相关业务的独立专业化公司，如颐海集团、蜀海集团、蜀韵东方及微海咨询等。建立 100% 属于集团或者集团绝对控股的生态系统。

点评

创业 24 年，海底捞不曾引入投资人，所以与创始团队分享果实的只有海底捞的核心员工。但从集团股权战略层面上看，受到员工激励的人数寥寥。

2014 年前后，张勇向杨利娟（别名杨小丽）、苟轶群、袁华强、陈勇和杨宾 5 位海底捞老员工发放股权，这笔股权数额不大。我揣测，这与张勇本人吃过股权过于分散的亏有关，所以在顶层股权设计方面长期不愿意松动。

我们也赞同，在整个公司治理过程中，股权激励仅是一套可选的解决方案，并不是像有些培训或管理咨询机构所强调的那样，是必选的方案。即使实施股权激励，它实质上也是基于战略的一次公司治理、人本优化的深度沟通。它上承企业战略、公司治理，下接组织变革、企业文化。

但是海底捞运用"连住利益，锁住管理"方式，成功解决四个方面的利益联结问题，又牢牢把控公司的股权与控制权。在公司总部与门店的所有权、决策权、用人权方面，张勇成功地把握了动态平衡，以顶层紧控、底层"失控"的平台化创业逻辑，成功塑造了你学不会的"海底捞"。

向字节跳动学习公关的三个亮点、四个原则

看到字节跳动针对特朗普政府封禁 TikTok 一事发表正式声明，这篇简短的 800 字回应，体现出公司公关水准的国际化，简洁、有理、有力，堪称公关文章的范本。它能抓住利益相关者之心，捍卫核心价值观，值得所有面对挑战的公司学习，也值得律师们学习——如何利用专业帮助客户应对危机管理。

本文试着就声明的三个亮点及公关的四个原则展开分析。

三个亮点

首先，值得学习的是它影响的目标相当清晰，永远铭记受众是谁。

文章一共有 5 段内容，篇首与篇尾两段内容，虽然文章的题目是《针对美国政府行政命令的声明》，意在回击特朗普政府，也回应国内操心的"吃瓜"群众（先前被指责软骨病），但其实该声明发布者知道，声明是写给美国用户及核心利益相关者的。

文章首句就以"TikTok 是一个充满创意和热情的社区，为无数家庭带来了快乐，也为创作者提供有意义的事业"表明了公司对用户的使命、愿景与价值，无意在中美关系中站队，否认服务任何政治目标，变相反驳了美国政府与竞争对手先前的栽赃诬陷。

文章末尾一段，同样是说给用户听的："对于 1 亿美国用户来说，TikTok 是他们表达自我、娱乐、连接彼此的家园，我们希望他们知道 TikTok 从来没

有，也绝对不会动摇我们的承诺……作为 TikTok 的用户、创作者、合作伙伴和家人，你们有权利向各级议员包括白宫政府表达意见。你们的声音有权被聆听。"

应该说，首尾的表达方式很具备西方式危机公关的特色，在中美两国博弈的大背景下，中国在美公司命运飘摇，树欲静而风不止，字节跳动深谙此理，全凭一家之力难以影响美国政策走向。所以在文中也反复强调，为继续服务我们的用户、创作者、合作伙伴、员工及美国社会而忍辱负重，积极斡旋。

在不确定的危机环境下，向自己的在美用户及核心利益相关者发声，申明立场、寻求支持是最政治正确的，避免在中美错综复杂的政治博弈中简单站队，更符合危机公关的核心原则，即明确核心利益相关者是谁，坚定地站在核心利益者一边。

相信一家伟大的企业只要坚定地站在用户与核心利益者一边，就一定能转危为安，做难的事必有所失，即使短暂失去市场，只要拥有核心客户，就有东山再起的机会。

其次，将美国政府违背法律正当程序（due process of law）作为反击的核心要点。

美国政府罔顾事实，质疑 TikTok 违规收集数据，与中国政府共享数据等栽赃内容，TikTok 是无法自证清白的。从自证规则上来看，证明"有"容易，证明"无"难。这就是海德格尔哲学里"在者在，而无反倒不在"之困境。试图证明"不存在"的行为与事物，就容易陷入对方的陷阱。

因此，TikTok 抓住美国政府违背法律程序颁布命令的漏洞，予以展开。短短 800 字，仅"正当法律程序"就出现了三次：

（1）"美国总统最新颁发的这项行政命令没有遵循正当法律程序，我们对此感到非常震惊。"

（2）"我们一直怀着真诚的态度，寻求跟美国政府沟通……但我们面对的却是美国政府罔顾事实，不遵循正当法律程序擅自决定协议条款，甚至试图干涉私营企业之间的协商。"

（3）"我们已明确表示愿意与美国政府协商解决方案……但在这一过程中，美国政府始终不遵循正当法律程序也不依法行事。"

学习西方法治史的人都深知，"正当法律程序"原则是西方法治的基石，从1215年英国《自由大宪章》到1628年法国《权利请愿书》，从1789年《人权宣言》到美国1891年宪法第五修正案。

正当法律程序是指，要求一切权利的行使在剥夺私人的生命、自由或财产时，必须听取当事人的意见，保障人权，保护公民、法人和其他组织的合法权益不受公权力主体滥用或侵犯。

指责美国政府背离"正当法律程序"原则，也就是说特朗普的行政命令是违宪的，动摇了美国人民对抗公权力滥用的法治基石。我想，这篇声明一定是经过法务部律师（应该是聘用美国律师）之手，字斟句酌，颇见功力。

最后，从声明看字节跳动的危机管理。

对字节跳动来说，TikTok在美国面临的这场公共危机，甚至关乎其生死存亡。本次声明连同公司创办人张一鸣在致全员的一封信《争取最好的结果，不放弃探索任何可能性》中，基本展现出公司完整的公关策略，在节奏感、手段策略方式上稍显稚嫩，但危机公关的方向没有犯错。

四个原则

据我观察，在危机发生后的应对上，字节跳动基本把握了危机管理的四条黄金原则：同理心、承诺、专业、透明度。[①]

---

① IBM讲座教授迪麦尔（Diermeier）2011年提出的观点。

1. 同理心

比如，他在给员工的信中，专门表扬美国员工的坚持，"尤其是对于处理危机时的当地同事一说，他们压力更大。我时常想如果他是在一个本土企业工作，这样烦恼应该会少很多。但换一个角度想，共同应对挑战也让不同地区的同事更加互相理解了。我们会把团队的利益和发展作为重要考虑"。

2. 承诺

比如，反复强调 TikTok "不仅是字节跳动的产品，是全球用户的社区，所以我们不会把它当作一个没有生命的资产"；"公司的使命，就是做一家值得信任的全球性公司，始终没有变化，在一个巨变的时代，也更值得为之努力"。

3. 专业

在整个危机公关中，公司观点与表达温和而坚定，没有诉诸文化冲突、国家之争的偏狭视角，而是在正当法律程序、表达自由、开放市场等全球性文明话语体系里展开，以法律手段寻求正当利益，彰显专业态度。

4. 透明度

如 "TikTok 从来没有与中国政府共享用户数据，也从未应要求审查过内容。事实上，我们通过建立透明度中心（Transparency Center）的方式，公开我们的审核政策和算法源代码，还没有同类型科技公司承诺履行这样的责任。我们甚至表示可以将美国业务出售给一家美国公司"。

这一开放透明表态，也顺便驳斥了先前公司被国人指摘的妥协与"软骨"，我们不是软弱，我们是开放透明的心态。

另外，公司声明采用了对比的手法，将美国政府的傲慢与公司的诚意、行政权力的独断偏执与公司的克制开放、美国政府的违法行政与公司的法治坚守，进行了有效对照。彰显了一家全球性企业，应对国际不确定生存环境下的风范、风度、风骨。

总之，一家优秀国际化公司，做好形象管理、关系管理与危机管理，要从一篇好的声明开始。

每逢时艰有静气，塑造变革心之力

我在做一部分公司客户的战略辅导时，感觉企业家受外部大环境的影响很大。同时，在内外压力情境下，"战"与"逃"遇到进退之困，更多人选择了后者，至少心态上有跑也跑不动、逃亦逃不了的尴尬。紧急而重要的事之中，就包括组织内部变革的困境，该如何成功应对？

受到挑战的总部老大

有一位企业家同学，咨询我公司方向选择的问题。在线聊起来，他是一家总部在北京的房屋销售租赁服务集团上海办公室的负责人，带领团队从零开始将上海办公室做成全国的标杆。客户、品牌、人才、营收，在整个体系内名列第一，行业外的口碑也很好，被提拔为总部董事会成员。整个集团虽然在行业内有口碑、有地位，但发展模式与组织管理已经远远不适应当下的市场环境，疫情期间他认真准备，给总部的创始人洋洋洒洒写了万言的公司战略建议。

基于对行业多年的观察、思考与实践，分析了集团经过十几年发展当下面临的问题与挑战，对公司现存的战略定位不清晰、产权结构不科学、全国业务发展模式以及总部的中后台建设问题进行了深入分析，并就公司的破局点与着力点做出探索，提出了自己深度的思考与建议。

然后，这位上海办公室负责人将投入很大心血写就的文字，传送到集团老大手里，满心期待与老大的正式沟通，却没有得到回应。他在微信里催促了两次，老大不得不派了一个分管的职业经理人来应付他，这令他备感沮丧。

组织问题的诊断

我听了后，非常替公司的老大惋惜，有这么好的为集团出力的高层，却仍然按照科层制的传统做派对待变革型选手。在这个快速变革的不确定时代，组织要有极强的适应能力与进化能力，才能适应外部的环境变化。一把手的领导力，体现在拥有变革的睿智，鼓励开放式自下而上的倒逼，扶持组织生态里的价值创造者，解决团队成长过程中遇到的新问题。

这些年，我从传统的管理学思想中逐步解放出来，从具有浓厚工业时代特色的控制论思想向"生物态"的思想转化。这得益于当下管理思潮在智能时代的理论演变，以及自己的创业实践。

所以，拿到上面朋友的案例后，经过我们深入了解，就马上找到该集团与创始人的症结所在：

一是对过去运营模式的惯性依赖，已经无法面对行业生存的现实需要。比如，过去传统的品牌加盟模式以翻牌为特征，总部对于加盟分支机构的把控较弱，同时质控、赋能也不够。今日优秀的品牌加盟模式已经过渡到强管控、强品牌的发展模式。在酒店行业，就以华住集团为代表，虽然各地加盟产权模式比较多元，但在客户、服务、技术、财务、人员等方面，坚定地推动一体化，以保障服务标准在客户端的统一。

二是业务方向定位不清晰。该集团是做房产销售代理起家的，目前在全国一、二线城市拥有房产经纪办公室二十余家。但是他们业务稍显杂乱，既有做住宅类与普通写字楼的销售与租赁业务，又有专门做五星级写字楼生意的团队，还有物业管理运营公司业务，每个业务团队的服务质量也参差不齐。

众所周知，随着房地产经济的下行，不动产行业迎来周期性的变动，在存量资产时代，如何做好房地产业的中介服务，需要重新思考与厘清发展方向与逻辑。在传统的写字楼中介代理与物业管理服务呈现此消彼长的态势下，现有业务核心竞争力不够突出，面临着生存挑战，利润空间被挤压。我的朋友向总部提出的思路是，将不同业务模块分拆，团队独立运作，在一个集体品牌项下，发展不同的服务，将底层客户与数据打通，相互赋能。

三是作为中介咨询型组织，其架构目前有很大缺陷。目前公司股东单一，仅有两位自然人股东，公司的科学治理结构没有建立起来，其他员工全部采用了公司制的员工组织模型，从普通销售员到销售总监再到地区的负责人，全员授薪管理。在市场环境利好的情境下，初创时的公司，采取高绩效提成模式，确实起到了快速扩张的推动作用。但是随着优秀人才的加盟和业务的快速扩张，作为轻资产运营行业，发展到快 2000 人时，组织管理的压力越来越大。疫情发生后，公司就一次性裁员了 600 人，引起团队的极度不适，因为公司将员工看作成本中心，而不是作为业绩驱动的要素。

我的建议是，普遍采用合伙制模式，做好总部的产权顶层设计，吸引更多的合伙人加入。所有者与决策者、服务者三位一体，以合伙人建立最高决策机构——合伙人委员会，从而架构董事会（决策委员会）、执委会、监事会。当然，在合伙人制模式基础上，很多优秀的机构采取特殊的普通合伙组织形式，建立 GP+LP（普通合伙 + 有限合伙）的双层合伙体制，扩大注册资本，既尽可能有效激励团队，又做好风险隔离；有的咨询机构还借鉴公司股份制的科学产权治理结构，将权、责、利、险、能进行五位一体的变革，为合伙团队的扩张和公司的做大做强提供制度基础。

很可惜的是，在本文案例中，公司的创始人缺少对高能量合伙人的主动沟通意愿，或者有些惧怕内部力量的创新挑战。用樊登的话讲，对于"低指令高支持"型员工，若缺少情景领导力，是危害巨大的，你会失去变革推动的并肩合作者。有时，你笃定一个高质量合伙人不会离开，往往会落空，因为他们的职业修养，会让他们决定离开的那一刻没有任何征兆，一旦用脚投票，任何挽留都会变得困难。

未来生态性组织的方向思考

我个人管理思想的转换，更多地得益于研读了一系列关于组织变革的书籍，其中包括陈春花老师的《价值共生》、樊登的《可复制的领导力之二》、塔勒布的《反脆弱》、斯坦利的《赋能》、英格里德的《引导》及凯文－凯利的《失控》等书。读这些书会让你身段变得柔软，对组织生态哲学有更新的把握。

结合实践与学习，我归纳出以下六点，在混沌的不确定时代，一位创始人在当下应该具备的思维与能力结构：

第一，社会变化如此之快，人们面对越来越多的不确定性与前所未有的挑战，对未来不免生出一种无力感。这时候要敢于让自己从舒适圈里跳出来，培养自己变革的领导力，敢于面对现实情况与组织挑战。

第二，从思维简单化还原论到复杂系统决策，因为复杂系统是多种主体的相互作用，更多的自组织去中心化，从无序到有序，从有序到混沌的这种非线性。同时，由于个体的适应性，导致整体结构在涌现时所展示的个体加总所不具备的行为特征。

第三，复杂科学就要超越还原论，既要看到非线性、自组织、混沌、无序是世界的常态，又要看到结构决定功能、非线性函数及网络关联的方法论建立的可能性。通过简单归因到回路反馈、线性到非线性、局部到全局、现象到本质以及静态到动态的演化，完成思想世界与物质世界的改造。

第四，着眼于解决别人的问题，作为创业的出发点，把自己代入客户场景。从"主观"出发转到"客观"，打透一个点，检验市场与用户体验，小规模试验后，避开错误，高价值增长。这就是樊登所说的"低成本创业"。

第五，尊重超级个体的能力，过去我们是用正态分布逻辑，去帮助80%

的员工都能得到 80 分。现在就要将 10% 的优秀合伙人选拔出来，让他们做到 1 万分。让任正非说的"方向大致正确，团队充满活力"成为团队文化方向。

第六，在这个充满挑战的时代，要有饱满的心力，用超稳定感的内心秩序，降低外部事物的不确定性对我们的侵扰。对损耗自己的外部因素有较强的吸收消化能力，能够触底反弹。不因情绪摇摆放弃长远的规划，对自己敢于用批判性思维，进行平静的分析。同时，重大变革决策时能深思熟虑，一旦棋子落下，要敢于执行艰难的决定。

分钱的三点逻辑

分钱逻辑是商业的底层逻辑，就如产权是人的本性一样。

很多人问我，智识性行业如何分钱？分钱的核心在于公平。那么，如何保持公平又有效地激励到各个节点？最近团队在做不良资产分配节点时，我抽离出来三点原则，得到大家的认可：

第一层黄金原则：谁投资谁受益。自从公司法诞生后，股东的权利与责任，构筑了宪章式的核心基石。由此，从所有权衍生出运营权、决策权、收益权及用人权等股东的权利束，并诞生了代理制度、监督制度，运营者的诚实义务与勤勉责任。

第二层黄金原则：谁操心谁受益。除了资本投资外，人们越来越认识到人才是最重要的资产，知识、技能、经验与知识产权，构筑起独立于资本的核心价值。这也是合伙人时代大家的共识，风起云涌的创业与投资时代，就是资本奖励价值的时代，否则，你就搞不清为什么资本方出大钱占小股，创业团队不出钱却占大股的商业现实。

第三层黄金原则：责、权、利、险、能五位一体的平衡分配。我们常说，没有无权利的义务，也没有无义务的权利。以平等、自愿、诚信、公平等为原则，主体、意思自治、行为能力、物权、合同、公司等核心法律条文构筑起来的民商法世界，为我们提供了从身份到契约的治理结构。

以上三个原则，是我们做好产权分配的基点，三个层次的逻辑按照保障的强弱顺序依次展开，但是发生冲突时，却以第三层次进行矫正。从原始正义到分配正义到矫正正义的逻辑，赋予商业自治与张力。

我在帮助团队设计不良资产业务的分配节点与要素时，专门针对信息不对称、信任不传递的行业特点，对这一较长链条金融活动进行分配切割，就是参照以上原则进行的，得到了大家的认可。

以下是我的分配思路：

1. 基本原则

（1）将一个项目视为一个闭环团队，资产、资金、处置三个模块都尊重价值。

（2）按照 SMART 绩效管理原则，提前约定清晰的分工、节点、分配，规则说在前面。

（3）遇到问题，充分沟通、及时沟通，通过行动建立信任。

（4）一次违背商业诚信，永远出局。

2. 分配的基本规则

（1）成本扣除原则：阶段性融资成本、交易费用、成交总价、司法处置费用、项目管理费等，均为共同成本。

（2）处置收益扣除共同成本的超额收益（含税）：

①承揽 15%。加权数：信息源 50%，信息反馈 50%。

②投资 35%。按出资比例分配。

③操作 50%。

按照以上原则，有一项不良资产业务分配测算举例如下。

假若总的处置成本为 7040 万元（以最终测算表为准），项目总利润为 3000 万元。

（1）按照投入的收益比例

①资产方税前投入占比：$1500 \div 7040 \times 100\% = 21.31\%$

②处置方税前投入占比：$5540 \div 7040 \times 100\% = 78.69\%$

（2）按照信息价值收益分配

①信息提供占 15%。

信息发布（资产方）：15%×50%=7.5%

信息反馈（处置方）：15%×50%=7.5%

②投资占35%。

35%×21.31%=7.46%

35%×78.69%=27.54%

③操作占50%，处置方与资产方，按照7∶3分配。

资产方：70%×50%=35%

处置方：30%×50%=15%

（3）3000万元收益的整体分配加权

①处置方=（7.5%+7.46%+35%）×3000万元=1498.8万元

②资金方=（7.5%+27.54%+35%）×3000万元=1501.2万元

散伙的逻辑

虽然我们渴望合伙精神持久传承，像超级组合巴菲特与查理·芒格、马云与蔡崇信。但是现实的残酷却是世界上没有永远的合伙，就像歌里唱的一样，没有什么可以永垂不朽。

最近我们幸福股权团队在帮助多家创业公司做股权设计，一方面用股权合理分割，换取合伙人同心凝聚；另一方面特别注重合伙人退出机制的安排。不仅聚焦合伙机制，同样关注散伙机制。

我们希望散伙的人们，散时比来时更好！我们称之为幸福的散伙。

如果合伙人因为种种内外部、主客观原因，就是合不到一块，失去支撑，彼此消耗，我们时常劝他们趁早面对真相，是时候安排"Say goodbye"的散伙事宜了。

下面就谈谈我对散伙的感悟，其中第一次披露了我三次创业过程中是如何处理与合伙人分手的历程的。

散伙的三种方式

刚学习创业那会儿，有幸遇到了当时的老板，是一个名牌大学毕业的高智商、高能量、高素质的创业者，我从他身上学到了不少创业的品质与素养。事业初创，他做事风格大开大合，雷厉风行，我们一起经历了诸多合伙人的分分合合，人来人往，身边人聚散出走如走马灯般。令我印象深刻的是，他的一位重要城市合伙人刚刚跟他散伙，他就当着我的面把那位离任者的微博（那时还没有微信）直接拉黑，手机通讯录中的号码直接删除。

我很惊讶地询问，您为什么不能保留他的信息？生意不做了可以做朋友嘛！他直白地告诉我，他一向是这么做的，任何合作过的人从他身边离开了，他就再没有心思也没义务关心他的去向与状态，自己有更重要的事情往前推进。这位老板也许是受过合伙人分手的伤，也许是为了表达自己舍弃的决断意志，但据我观察，每次他跟别人散伙基本都闹得不开心，而且有时会撕破脸皮，对簿公堂。

我无意于评价这位老板的做法是否妥当，但在此后的创业过程中，我特别留意观察合伙人退出时创始人的表现，并从中吸取教训。根据我的观察，在创业合伙人关系中，能善终者较少，双方体面地安排散伙成为一件挺稀罕的事。

合伙的状态千篇一律，散伙的方式风情不一。时间一久，合伙人散伙的方式基本上不会逃过以下三种：

（1）决绝式分家：两不相欠，一刀两断，从此老死不相往来。

（2）仇人式分家：挑起局部或全面战争，或者你若过不好，我就放心啦！

（3）亲人式分家：你有情我有义，不负如来不负卿，妥善安排后优雅转身分手。

从勇猛索取到珍视愉悦的关系

不消说，我一直最喜欢用亲人式分家的方式去解决合伙人的去留问题，熟悉我创业过程的人也都知道。特别是近来三次连续创业中也多有合伙人的聚散离合，我每次都告诫自己要如此处理。

原因无他，它是内化到骨子里的一种性格，也是我从商业布局的魅力里体会到的正念与正道，是一种主体自觉，也是一种价值选择。

创业在你一生的历程中算什么？说白了，它无非就是你追求幸福圆满的一种载体而已，生意就是一场戏，不要入戏太深。而创业只是修炼，是生活的方式之一种，最终心灵的幸福安宁是核心，周国平老师讲，幸福是什么，就是"身体无病痛，灵魂无烦恼"。

随着年龄与阅历的增长，勇猛革新的你、屡战屡挫的你，会发现原来在意的个人的实现、贪婪的拥有都不再那么重要，会转而懂得欣赏愉快和亲密的关系，包括家族的、朋友的、合作伙伴的甚至对手的，你需要平衡的一切关系与生态圈。

如果你喜欢这一场生命自觉，不妨转向更亲密的关系与身心愉悦的塑造过程。散伙而不分手，柔和而有力量，给他人以爱，给世界以光。所以，股权设计不要变成一场算计，散伙是一门技术，更是一门艺术，它必将超越利益，归于人品，需要一定的情怀与胸怀。

散伙：放爱一条生路

以上是我的一些感悟，回顾我这三次创业，也正是朝着这个方向努力的。

第一次散伙，是我独自一人从零开始打造的一家上海品牌大所，三年后与北京投资人说再见，除了带走一位铁心跟我创业的助手外，没有动老东家300人中的核心团队，甚至放弃了当年的巨额分红权，反过来还协助新来的接替者保持平台的稳定。这一点让接我职务的主任从内心里钦佩我，虽然各自在不同平台上奋战，但不妨碍成为可以交换一些信息与经验的好兄弟。

第二次散伙，其实不是散伙，而是更有创建性的平台化生态创业。七个合伙人在初期创业，商业路径不清晰、股权平均、分工不清、动能不足。为解决产权问题，由团队大锅饭过渡到平台式创业，直接过渡为运营者持大股，分家单挑，赢了网、法大大、瀛和北京、瀛和上海、瀛和厦门、瀛和金融等几个平台相继改制完成，由七人均股到七人的持股平台占30%、运营团队持30%，同时，约定自第一次外部投资者进入开始，持股平台逐步降低股份，直至 7%，留足空间给运营团队，除了出资义务，全部商业责任转移给团队。

耕者有其田，运营团队战略性成为大股东，大家再无埋怨，一下子引爆了平台的活力，清除了团队内部激励与外部融资的障碍。"七"股成为持股平台占有其他子模块的基石政策，后续的发展无疑证明了其科学性。

当然，改制的代价是，大家从集聚在一起到各奔东西，上海运营平台分化到北京、沈阳、厦门等地。同时，之前的投资转换成运营者对持股平台的借款，运营者的财务压力陡增，对个人领导力也是一个挑战，但是大家的干劲与韧性也得到了激发，分别度过了各自最困难的初创期，而且都取得了不错的成绩。

第三次散伙，其实不是散伙，而是以合为分、以退为进，成功完成了两位核心合伙人各自支撑一块新的天地。经我的合伙人刘波先生同意，就为安平台上的合伙人分立做一下披露：

我与刘波先生创立为安法务金融，经过三年积累，为安在诉讼投资、特殊机会资产投资与处置、公司治理与股权激励三个业务领域均取得了一定的成绩，具有较好的行业知名度和美誉度。2017 年成立了专门以不良资产业务综合处置为主的公司：上海为睿资产。但双方在性格、运维、用人、业务支撑上有较难弥合的差异。

既然分开会更有利于双方发展，为有效区隔现有业务层级与定位，激励运营团队，提出了为安与为睿两家公司独立运营、股东交叉持股的思路。我负责为安幸福股权业务，刘波负责为睿不良资产业务，两家公司独立运营、独立孵化，双方会在业务与客户、渠道上，建立深度的绑定与合作。这一提议得到了原有股东及投资人、团队的一致支持，成功解决了合伙人的分立问题，这一平台式内部创业堪称典范。

以上是我过去三次创业，人来人往，实属正常。我告诫自己要秉持极度求真、极度开放原则，以不负他人的底线成功解决合伙退出机制的安排。

　　作为创始人，一定要心存感恩，感恩追随你的人，以极大的同理心，照顾好伙伴们，一起向前走。在此过程中，也要告诫自己倍加珍惜认知上、能力上与精神气质上跟自己契合与匹配的人。

与其抛弃盟友，不如作出改变

有时，你不得不认命，因缘际会让你在合适的时机、合适的地点，遇到并不同路的人，这种情况有没有？

回答是大概率事件，人生不如意者十有八九。

但是你不能无视你的境况，世界上所有美好的、糟糕的事情发生，都是心灵的投射，包括你遇到的如意的、不如意的，投脾气的、八字不合的。

按照吸引力法则，你是什么样的人，往往会有什么样的人围绕在你的身边，但现实情况往往令人尴尬，你遇到的常常是跟自己差异较大的人。这就是选择之障，无可遁逃、无可抱怨，只能勇敢面对。

但是如何团结与你不同或不合的人，一起完成同一的使命与目标呢？结论是必须作出改变，对于优化的路径我总结了以下三点。

改变彼此认知

有一种冲突是认知结构的冲突，就是大家的价值观与思维逻辑的差异，导致行为模式的不同。这种差异是最深层次的，因为认知世界的能力决定改变世界的水平。相左的认知，会带来毁灭性的结果。所以，创业团队一定要把那个最执拗、最保守的人，送到商学院去读书，因为更高认知的环境往往对人触动更大，或许固执之人的认知能作出改变。

改变治理格局

改变利益格局，可能团结更多的人。龚焱教授的《公司制的黄昏》中曾经描述过一个公司的困局，如果三个合伙人创业，有比三位更有领导力、更有资源、更有战略能力、更符合公司发展方向的人出现，暂且称之为第四位合伙人，三位创始合伙人是否愿意让渡较大的权力给第四人，心甘情愿地削弱自己的股权、控制权、收益权、决策权等，从而以利益换取公司的发展？在传统的治理模式下，能做到的有几人？不过，在合伙人模式下，权、责、利、险、能有效匹配到各个资产要素、节点。

改变产权结构

有时候合伙人之间无法搞在一块儿，往往是因为存在深层次的结构性冲突，比如在价值观、胸怀担当、利益格局、人生阶段等方面。那么，如何避免"仇人式分家""决绝式对抗"？最好的方式就是搭建平台化生态创业，解决大家的产权独立问题，同时解决相互链接问题。

瀛和就是用股份制结构，运营团队持大股，管理驱动发展的创业逻辑，打造了一家线上加线下，法务加商务的生态格局，避免了核心合伙人的结构性冲突，各得其所。

冲突与解决——律师为什么愿意来你的律所工作？

律所管理的本质，与普通商业世界并无二致。

管理就是洞察团队与客户的需求，而需求就隐藏在关系冲突中。

发现冲突，就是发现隐藏的欲望或恐惧，满足欲望、克服恐惧，就能创造平台的价值，实现服务跨越式发展。

甚至，通过创造性解决冲突，还能改变商业的赛道，重构行业格局。

综观最近几年迅速崛起的律所，有一个共同的特点，即解决了客户服务的一些冲突，或者解决了行业发展的冲突。

在需求端与供给端之间，总有一条天然的鸿沟。律师行业也是一样，律所管理能把律师的服务能力有效地对接好外部市场，就填补了一部分鸿沟。

客户选择律师的最大冲突不是价格、不是体验度、不是传统 4P 营销理论①的痛点，而是不能选错人！选错委托代理人的后果往往是不可逆的。因此，律所存在的价值就是要部分解决客户选择服务团队的内心冲突，让客户不要选错。

于是，律所针对客户需求，就有了不同选择。有的律所走向规模化、品牌化、专业化与网络化，比如大成、盈科。在中国，做大不一定能做强，但做强必须做大，让客户在选择时有一个平台的背书。

---

① 4P 营销理论被归结为四个基本策略的组合，即产品（Product）、价格（Price）、渠道（Place）、推广（Promotion）。

有的律所在运营模式上，走一体化、一站式发展之路。如青海的树人律师事务所彻底实行团队、薪资、服务的一体化，以保障客户服务的高体验感、高附加值。

有的律所在行业＋专业领域，清晰定位，具备一根针捅破天的能力。比如天同在高端民商事诉讼领域，阳光时代在能源行业的深度探索。

除了客户层面，律所在吸引优秀人才加盟方面，也集中解决了一些冲突点。比如律师最常见的冲突点是业务冷热不均，专业化达到了缺少足够案源，案源多了缺少有力的团队支持，等等。

我借鉴了《非对称性风险》（中信出版社）一书的书名，来命名这种冲突，即"非对称性"，谁能帮助律师，特别是青年律师解决这类冲突，谁就可能在人才吸引方面获得突破性发展。

我们能为律所解决什么冲突呢？律师为什么会来到你的律所工作呢？是案源问题？是品牌问题？是协同问题？还是以内部资源整合外部资源的机会？等等。

千人千面，不同发展阶段每位律师的需求也都不一样。最大限度地满足需求、解决律师成长中的冲突，不但要把人才招入团队，形成良将如潮的局面，还要使人才留得住过得好，这需要律所运营团队开动脑筋。

理想的情境，就是在生命、生活、生意三个层面，给予律师全方位、独特的关怀。

于是，我们列了服务好律师团队的 32 个要点，以期行政运营团队尽量做到。

拓展性支持

（1）为律师加入行业任职以及在各类专业委员会担任职务创造条件，拓展在行业内的影响力。

（2）品牌部通过舆论关注热点，打造时政热点律师。

（3）律所设立模拟法庭与多媒体支持，打造模拟法庭，为律师影响客户提供条件。

（4）请律师参加国内外的分所布局与开业活动，使其增长见识，开阔视野。

（5）为律师在钱伯斯、ALB（亚洲法律杂志）、司法局、律协类的评奖上极力争取荣誉。

（6）为律师出版学术性著作，拓宽出版渠道，助力学术产品化

运营后台的支持

（1）公开、公正、公平、透明的有性价比的分配制度。

（2）建立律所的大中台，为律师提供流程化、产品化、定制化的服务支持。

（3）内部裂变式人才推荐奖励。

（4）打造运营团队管家式服务的高体验度。

（5）提供跨瀛和体系内律所的交流合作机会。

（6）为青年律师提供基本薪资保障，在有条件的情况下，设立青年律师成长发展基金。

（7）推动全员持股计划。

（8）建立师徒制的一对一老带新的制度。

工具与品牌支持

（1）为律师配备先进的数字化法律服务工具，工具赋能，科技驱动。

（2）提供各类公费进修的机会，营造支持终身学习的氛围。

（3）为律师购买职业责任补充责任险，防控执业风险，无后顾之忧。

（4）与政府、商协会、高校合作，为律师增加曝光，提升品牌影响力。

（5）自媒体支持，为需要塑造 IP 的律师提供全方位的媒体宣传宣传。

市场渠道

（1）建立公共案源池，设立有利于律师发展的公共案源分配机制。

（2）推动内部交易市场建设，鼓励合伙人交叉客户渠道。

（3）讲课就是最好的营销，借助平台内外资源为律师提供展示机会。

（4）借助瀛和品牌以及平台，扩大服务半径和品牌影响力，借力平台业

务协同和资源共享。

人文关怀

（1）树立使命愿景与目标，并使之深入人心，只有大梦想才能吸引高人。

（2）入职与晋升制度的透明化、公开化、仪式感，氛围要拉满。

（3）授予永久、唯一编号徽章，建立终身归属感，不会因离职或退休影响荣誉。

（4）关怀律师家人，如定期家访、老幼关怀、孩子接送、家政服务、生日会、专属纪念日、解决异地律师家属就业等问题、婚丧嫁娶派专人协办或全程出席，律所内部提供合理必要的经济支持。

（5）打造可以退休安置的股份流转制度，持续保障合伙人退休后的体面生活。

（6）资金支持，工作一定年限以上对于购房、购车等重大开提供无息或低息资金支持。

（7）关照律师业余生活，根据律师兴趣爱好，组建不同的兴趣圈子，做好团建。

（8）党建促所建，党建渗透。党员亮身份，党支部体现更多带动作用。

（9）律师多舟车劳顿，差旅上有痛点，行政后台解决订票订房等一站式服务。

合伙人该为了管理，放弃业务吗？ ①

既要风里雨里跑客户，没日没夜地做业务；又要统管所内大小事务，合伙人利益协调、安抚团队等。业务和管理一手抓，时间总是不够用，长期的操劳，不规律的生活，人到中年"三高"伴随……管理者身心俱疲。

但如果要放弃业务、专注管理，合伙人们也有不少顾虑：不做业务没有直接创收可能难以服众，律所对纯管理的合伙人难以给予充分的激励，不做业务可能会脱离市场失去客户……

管理者到底要不要为了管理放弃业务？这样做划得来吗？

如果要二者兼顾，怎么做才能跳出身心俱疲的循环？管理该如何抓大放小？

本文汇聚了律所管理的实践者、观察者、咨询顾问多方视角的经验和观点……文章很长，角度很多，在这么多有理有据的观点中，或许你会得出自己的答案。

专注管理的践行者

（一）董冬冬：数字瀛和创始合伙人

从 2010 年开始，董冬冬就不再承办具体业务，而是成为一名专职的律所

---

① 本文来自新则公众号，是 2021 年对几位律所管理合伙人的专访稿件。

管理运营者。他认为，不承办具体业务，并不代表不对市场营销承担责任。

董冬冬律师自 2010 年起接触律所管理，从零开始创办了北京盈科（上海）律师事务所，经过三年运营，2013 年盈科上海人数超过 300 人。同年，董冬冬创立了数字瀛和，并担任上海瀛东律师事务所的创始主任。

Q：您是从什么时候开始只做管理，不做业务的？

A：2010 年我就不再承办具体业务。值得指出的是，专职运营者不承办具体业务并不代表不对市场营销承担责任，过去几年，我直接为律所带来的业务在千万元以上，间接的业务就更多了。

Q：不再做业务，是否会感到遗憾？

A：当时决定不做业务有五个原因：

一是遇到一位真正把"管理驱动律所"当作律所最重要的事的行业先驱者——梅向荣主任，他带我入门。他本身不做业务，并尊重管理，采用直投直管模式，在全国做布局。

二是青年律师刚起步那几年，行业视野、人脉背景、专业深度、客户资源等都比较弱，没有高质量发展的基础，不如专事管理，通过接触行业内外资源，潜心跟大咖们学习。

三是如果既做业务又做管理，精力不够，专业不精，顾此失彼，必须做出选择。当然，运营者要有这种决断力与付出精神。

四是管理者收入得到保障，生活有着落，且绩效得到了有效、有力的激励。

五是我觉得自己即便不做管理了，也有随时回归的能力与信心，只要给我一年时间，我仍然是一名优秀的行业律师或专业律师，而且我一直在研究治理业务，反倒可以沉下心来做公司治理学术研究，还出版了有关股权控制的书。

Q：从律师到专职管理者，您觉得管理在律所发展中发挥了什么作用？

A：首先，行业内对管理是有误解的，认为律所的管理就是行政管理，还停留在 1.0 的认知误区。而我更愿意将管理称作运营。律所运营追求的是品质与效益，而管理追求的主要是效率与风险；运营的着力点是开源，管理的着力点是节流；运营需要激发人的潜能，强调发展，而管理突出秩序，强调管控；运营需要兼顾前台、中台与后台的生态化打通，而管理突出后台的控制；前者的价值在于创新突破，而后者的价值来自执行与细节到位。

其次，我认为运营管理的价值就是搭建平台的价值，它一定程度上是超越专业与市场的价值。第一家律所做了三年，在我离开时做到300名律师的规模，老东家还是少有的在上海买独栋楼的律所。后两家律所，也是从零开始做，七年左右达到现有的200人规模，如果不是运营驱动，至少做大做强是很困难的。

Q：您认为作为律所管理者，最核心的一项工作是什么？

A：管理运营是一件系统性、全局性工程，而且事无巨细，大体分为：人资发展、行政管理、品牌战略、风险管理、市场开发、知识管理、全国布局与信息化建设。

我觉得管理者最核心的任务，是调动、激发人的善意与潜能，关注人的成长与发展，筛选出更多高质量发展的团队。

最重要的事往往只有一件，就是围绕平台更好地服务于律师，从而帮助律师更好地服务于客户。比如，我招募到的任何律师都要帮他们完成四件事：完成业务发展定位；推动团队加入与融合；IP塑造与传播；对接大客户部完成定向客户挖掘。

未来律所比拼的核心是律所平台的整合性竞争能力，而这里面的核心就是管理运营的能力，再上一个层次，就是律所的整体治理能力。

管理者最终的目标围绕如下展开：

首先，律所的管理提升，是律所打造服务型支持团队的核心。除了专业服务，律所的运维如行政、人资、品牌、党建、财务、技术、市场、知识管理、公共关系、物业管理，都是一门专业，专业的事必须由专业的人来干。

其次，通过律所的有效运营，保证律所的公共积累与持续投入。通过有效运营，提升律所品牌，提高行业声誉，提高公共业务积累，在优秀合伙人与客户面前提升议价能力，从而保障律所可持续发展。

另外，律所的综合治理运营能力，还体现在产品研发、知识管理、财务分配、公共事务、组织市场、风险控制等诸多环节，以管理运维这一条主线，激发律所每个环节、每个资产要素的优化组合。

Q：您会建议管理者放弃业务，专注管理吗？

A：如果是大型律师机构，需要做大做强，认可运营驱动律所，我认为律所的管理者要放弃业务承办，专事管理。原因如下：

首先，管理越来越重要、越来越繁杂、越来越系统，需要职业化、专职化。这是欧美律所管理合伙人制度可以提供的经验。

其次，管理岗位是一个公共职位，意味着代表权、决策权甚至荣誉权，具有资源信息获取优势，容易利用信息不对称、信任不传递谋私利，权为公所用，公私难免偏废。

最后，它是决策权、收益权、管理权、监督权有效分工，相互赋能、相互制约的科学治理需要。我一直倡导律所建立议、决、行、监的管理架构。

投资合伙人委员会在人事权、财务权与重大事项决策权方面行使相关权利，承担相应义务；管委会作为投资合伙人的常设机构，由投资合伙人选出，对其负责，同时，选举产生监事会，形成有效的议、决、行、监完整体系与制度；专职经理人作为律所的日常行政运营机构，对律所的日常经营承担责任，而在律所的最终分红权方面，要舍得与运营团队分享。

Q：如果合伙人不得不兼顾业务和管理，您有什么建议吗？

A：这确实是一个摆在主任或创始人面前的难题，业务占用时间太多，律所管理跟不上，大家都不满意；管理太占用时间，担心业务竞争力丧失，不服务客户又会担心个人收入减少。

我觉得折中的方法就是选好班子、管理授权、利益让渡、制度管人。最终，打造管理合伙人 / 创始人 +CEO/ 职业经理人的双轮驱动。

若大家对职业经理人制度能达成共识，那么，将一部分决策权、大部分的管理权，连同部分分红权或者部分股权，让渡给职业经理人队伍，授权其对律所做整合性运营，承担独立、公正、尽职的运营责任。

现实情况中，当提出"律所管理出效益"时，大家同意。但是让创始人抛弃业务，专事管理，大部分合伙人未必舍得付出，或者即使舍得也没有管理的能力，在律所管理运营上有意愿无精力，有想法无能力，更多的人把主任这一公共职位，要么当成业务之外的负担，有心无力；要么当作整合外部资源与荣耀性指标的筹码，不愿分享。

而选择专职的执行经理人，配合管理合伙人或者创始人，一个代表执行层，一个代表投资合伙人利益，复合在一起，双轮驱动，是成熟或规模律所可以尝试的路径。近些年崛起的几家大所，都与能干的职业经理人相关，行业内已有不少执行经理人与其他创始人一起，推动了律所达到行业巅峰，成就一桩美谈，值得学习。

（二）江锋涛：恒都国际律师集团董事局主席、恒都律师事务所创始人

2010年创办恒都以来，江锋涛就负责这家公司化律所的整体管理。对于管理和业务的关系，他说："怎样界定管理工作和业务工作？管理恰恰应该和业务结合得最为紧密，并且因为管理而产生业务增量。"

江锋涛律师自2010年创立恒都律师事务所，并负责恒都整体的一体化公司制运营。在律所管理方面，江锋涛拥有沃顿商学院中国企业家全球高级管理课程（WCHGMP）、清华大学五道口金融学院科学企业家第七期、长江商学院高级工商管理硕士等教育背景。

Q：作为恒都的管理者，您认为管理在律所中发挥了什么作用？

A：是否有必要管理？要采取什么样的管理方式？我认为这取决于律所的结构和体制。

在公司化律所中，需要集中案源、分配案源，此外还要有专门的市场、

运营和行政团队，这些环节要能够顺利运转，就离不开管理，并且需要强管理。

管理的价值在于用一种有效的方式，让每个人的活力和潜能得以发挥，让这些人的共同产出整体提高。打个比方，原来团队的平均战斗力是6，通过管理提升到8，那这部分就是管理的增量。无论在什么情况下，管理能够产生增量才是有意义的。

但在传统的合伙所中，包括提成制或团队制，这类律所更像是一个平台型组织，相对来说管理的重要性就会弱一些。我认为，平台管理的核心在于通过制定规则形成优胜劣汰的环境。当然这也取决于平台有没有能力管理，能不能对合伙人形成制衡的力量。

举个例子，某家团队制的全国性律所，对内有条规定是不起诉金融机构，因为金融机构是其十分重要的客户群体。但就像这样一条规定放在很多区域性的传统合伙所中，几乎不可能落实，甚至还可能导致人员流失。

当然这只是一个例子，背后的道理在于平台的品牌价值越高、知名度越高、业务质量越高、业务定位越清晰，平台的规则越能更好地发挥作用。

Q：恒都是一家公司化管理的律所，您目前除了管理事务外，还会做业务吗？

A：我想需要明确的是，哪些工作算是管理，哪些工作算是业务呢？例如，律所中极其重要的客户，我通常也会当面拜访以表达重视；收到业务咨询信息，我会对接给所内对应专业的合伙人；每周我都会参加所内的业务会议，会上会讨论新客户和新案例……那么，这些工作算是做业务吗？

我认为，管理应该和业务结合得最为紧密，要通过管理促进业务增长。而大部分律所是通过行政服务、品牌宣传来促进业务增长，但这意义不及前者大。这也是不少合伙人不愿意做管理的原因，觉得做管理反而把业务丢下了。

Q：在您看来，什么情况下律所需要加强管理？

A：管理是一件复杂而综合的事情。有的律所可能就只需要一套行政服务班子，对合伙人和律师管得少甚至不管。这类管理其实是把人事、行政、品宣等非律师业务的工作统称为管理，但我认为这其实是一个误会，这不叫管理，它发挥的更像是一个商场的作用。这类律所的管理就像是藤蔓，而柱子是合伙人，藤蔓围绕着合伙人，但其实管不了也不敢管合伙人，因为合伙人一走可能什么都没有了。

回到起点，要不要加强管理，仍然取决于这家律所是什么样的结构体制，是不是需要一名专职的管理者；再者就是管理者在所内是否有足够的权威和信服力。

（三）王磊：法德东恒律师事务所管理合伙人

王磊律师自 2013 年起参与律所管理，2015 年正式成为律所的专职管理者，并参与了律所的各项改革方案。2019 年，全程参与东恒与法德永衡的合并，法德东恒正式成立，成为江苏最大的本土律师事务所。王磊现为法德东恒管理合伙人。他认为，如果要参与律所的全面管理，不做业务是正确的选择。

Q：您认为在传统律所中，哪些管理工作会发挥明显作用？

A：律所管理从功能上可分为计划、组织、指挥、协调、控制五个方面，具体包括行政、人事、风控、战略、品牌、文化、公关、知识等一系列内容。

但并不是每个律所都重视管理，尤其是传统律所大多数是不得不选择简单管理，只要能够维持律所正常运转即可。越来越多成功律所的实践证明，好的管理不仅必要，而且能够为律所、律师赋能。如果用一句话归纳律所管理的核心就是通过科学有效的方式维持一个庞大而复杂的协作体系。

具体到律所管理合伙人，你要做的不是证明自己做得多好，而是能够维持一个庞大而复杂的协作体系，让律所的成员都愿意为这个体系去努力。细分的话有三项工作：第一，传播愿景、使命、价值观，就是告诉大家这个组织的意义何在；第二，发挥推动作用，使大家所付出的努力对整个组织目标的实现有帮助；第三，提供沟通的体系，让大家能够对话，上下同欲，解决问题。

Q：您认为管理者是否有必要放弃业务专做管理？

A：这个需要根据管理者的实际情况来定。一名优秀的专业服务工作者如果不能把 80% 以上的精力放在其专业领域上，我觉得很难称其为好的专业服务工作者。因此如果管理与业务都想兼顾，原则上管理时间不能超过 20%，业务时间至少要占 80%。

但究其本源，还是专业的人做专业的事，特别是要参与律所的全面管理，不做业务是正确的选择，不然可能会管理做不好，业务也不精进。

在我看来，律师作为专业服务工作者，说直接点就是出售个人时间的，用在业务上就不可能用在管理上，用在管理上，业务又会耽误，所以关于统筹好两项工作，时间安排是个高难度的活。

此外，一个好的专业律师未必在管理上有专长，仅仅因为目前中国律师行业还处于飞速发展阶段，无论管理优劣，律所业绩都在增长。但如果将眼光放长远，管理创造的价值一定会彰显出来，管理能力也一定是律所的核心竞争力之一。

管理和业务的兼顾者

何俊：广东方图律师事务所管理合伙人

何俊于 2015 年创立方图并担任律所主任，她认为，管理合伙人，通常也是律所最资深的律师，如果放弃业务办理，对合伙人多年的资深经验也是一种浪费。

何俊律师自 2011 年起参与管理事务，其间组建团队并通过分配、培养及业务等综合管理使得该团队业务特长鲜明，且创收增长快速。2015 年，何俊创立方图并担任律所主任，方图运营有"道方图说"公众号、"方图有约"系列活动和"方小图"品牌吉祥物。

Q：您认为哪些管理工作对律所发展起到了重要作用？

A：首先，设定律所品牌宣传的定位和模式，并通过计划、执行、创新迭代的管理思维来实现。很多业内朋友对于方图 5 年来一直能够坚持出品质量较高的原创文章、举办趣味沙龙活动感到很好奇，这实际上就是依赖于管理的作用。

其次，对管理的板块进行细分，让每一个合伙人都参与到管理中，既减轻了管理合伙人的负担，也提高了管理的效能。从 2018 年开始，我们将管理细分为品牌推广、市场营销、人力资源、案件管理多个板块，根据合伙人的特长分管各板块，并将管理成效纳入年底的合伙人考核。这不仅让律所的创收每年都稳步增长，也让律所案件办理的质量、人才招聘和培养的质量、品牌的影响力持续稳定提升。比如，目前方图通过精品办案模式的管理，已成功办理超过 30 件判赔过百万元的高判赔案例、20 件诉讼逆转案例以及 23 件获奖典型案例。

Q：既要做管理，也要做业务，您会如何分配自己的时间和精力？

A：作为律所的管理合伙人，我负责每年对律所的整体管理进行筹划和分工、授权，且要随时关注和协助各板块的推进情况。除了分担其他合伙人的工作职责，我还会把人才培养考核、律所品牌推广、重点客户的开拓和维护作为工作重点。通常管理工作会占我个人时间的 50% 以上。

Q：兼做业务和管理，您有遇到业务利益与公共事务相冲突的情况吗？

A：方图律所的分配模式并不是以考核合伙人的创收为重点，而是从合伙人对律所的各个方面的贡献来综合考核，因此在方图的发展模式下，暂时并不存在业务利益与公共事务相冲突的情况。

Q：您认为管理者是否有必要放弃业务专做管理？

A：我个人每年仍然会将 30% 左右的时间花费在具体办理案件上，所以从我个人的角度而言，管理者是没有必要放弃业务专做管理的。原因在于：

首先，方图是一家专注于知识产权疑难复杂业务的律所，需要在这个领域保持非常高的专业程度，才能持续受到客户和业内同行的认可。作为承担管理职能的合伙人，通常也是律所最资深的律师，如果放弃业务办理，将承接来的业务完全交给年轻律师去承办，将会大大降低律所办案的质量，对合伙人多年的经验也是一种浪费。

对于精品律所而言，有一个专业程度很高的管理者，对于整个律所的专业度的重视程度也不一样。比如我们知道很多法院的庭长也是业内公认的某个领域的专家，那么这个庭出来的判决质量一般也会比较高。

其次，只要律所的管理模式得当，那么管理和业务就并不矛盾和冲突。比如我自己在从事管理之后，在个案中通过与律师及助理人员的合作，节省了大量办案时间，将精力专注于最重要的办案环节上，而且共同办案也是合伙人培养和指导年轻律师的一种重要传承方式。所以，这二者之间可以相辅相成，而不是非此即彼。

Q：从您的经验来看，如何才能兼顾好业务和管理？

A：管理者要兼顾业务和管理，就需要平衡二者的利害关系，我认为这三点是比较重要的：

首先，让管理者的贡献得到律所的认可。很多律所的合伙人虽然也需要参与管理，但分配模式却是纯粹的创收导向。这就导致合伙人一旦拿出大量的时间去做管理，那么个人或者小团队的业务就有可能因为投入时间不够而下降进而影响个人收入。

这是分配模式所导致的管理与业务之间的矛盾，因此要解决这一根本性问题，首先就应该让参与管理的律师从律所的整体发展盈利中获得相应的分配。

其次，业务分配的时间要合理。有一些律所管理者每年仍然奔波于各个法院开庭，代理的案件量非常之大。那么在这种情况下业务投入的时间必然非常多，也就难以抽出时间来进行律所管理。

所以，既然做了律所管理，特别是律所主任或者管理合伙人，是需要将自己从业务办理的工作中逐渐解脱出来的，至少工作重点不能放在业务办理上。

最后，及时总结、反思和学习。律所管理实际上也是一门需要不断学习的课程。很多合伙人业务做得非常好，但对于律所管理实际上就是"门外汉"，以至于在管理上总是踌躇不决，难有建树。

要做到平衡，就需要不断地学习和成长，补强自己在管理能力上的短板，用更少的时间产生更多的管理效能，从而达到用管理的能力去引导律所的创新和改革，推动同事之间的合作，形成律所品牌影响力的目标，而这些管理成果反过来也能极大地推动个人业务的成长，如此一来就能达到良性的平衡互动关系。

第三方视角：法律行业的观察者

（一）余朋铭："新则"创始人

余朋铭认为，组织追求管理价值，往往是竞争之后的结果，但律师行业还没到这个阶段。

Q：从您多年的观察来看，律所不好管理的原因是什么？

A：我理解管理的意义，在于推动人与人之间的有效协作，更快、更好地实现某个目标。律所之所以难管理，与行业的发展阶段和业务特点有关。

从发展阶段上看，律师行业的整体发展还处于"手工业"状态，业务对人的依赖要高于对平台的依赖。客户更认可律师个人，而非律所本身，也就意味着律所没办法通过整体运作对客户起作用，那管理就很难得到认可。

从业务特点上看，如某些非诉业务，其业务链条便于拆分，通过协作也能更好地产生效益，因此这类业务采取强管理的模式也就更多；但是诉讼业务，尤其是刑事业务要分工协作就比较难，管理也就很难发挥效果。

Q：到达什么阶段，管理的重要性会体现出来？

A：据我个人理解，只有当律师人数达到某个数量时，因为竞争加剧倒逼律所更精细化发展，管理的重要性才会体现出来。

组织追求管理价值，往往是竞争之后的结果，但律师行业还没到这个阶段。只有当行业竞争到一定程度，律所内所有人都意识到，必须有更科学的分工、更紧密的协作，否则就算是合伙人也很难挣到钱。这种情况下，管理价值自然会受到认可。

Q：现阶段，您认为管理者需要放弃业务专做管理吗？

A：从个体角度看，如果要管理好律所，就一定需要专注，也就意味着一定要放弃业务。这就好比是创业，如果你是兼职创业成功率就会很低，因为你总有一个替代选项。

但从组织角度看，律所是否有必要让一个合伙人放弃业务，只做管理？从目前的大环境来看，对于很多以提成制为主的律所来说，我认为是没有必要的。

管理不是目的，管理要能产生效益。但就像前面所说的，现有的情况是，大部分律所是依靠合伙人的业务创收，这就决定了很多律所其实没有必要让一个合伙人专门做管理。

Q：不少合伙人表示不做业务，收入就会明显下降，您怎么看？

A：这是一个现实情况。如果合伙人放弃业务只做管理，必须是他从事管理的回报高于或者至少等于做业务的回报，否则他是没有动力的。只有激励明确，才能让管理者的才能更好发挥。

但大多数律所很难给予足够的激励，原因一，受行业和业务特点影响，管理的价值很难体现；原因二，很多律所的合伙人会把管理者视作一个后台的行政或辅助人员，这就导致了地位和身份的不平等。

那些能够真正发挥作用的管理合伙人，通常都有这些特点：第一，身份地位很高，或者至少与所内的其他合伙人平起平坐；第二，业务上的专业能力是受到认可的，同时可以把这种能力迁移到管理事务上；第三，他们都获得了不错的激励，可能是物质激励，也可能是成就感方面的精神激励。

（二）王亚哲：法蝉联合创始人

法蝉联合创始人王亚哲谈道，很多律所的定位不清，本身就决定了所谓的管理合伙人无法真正做管理。

王亚哲是律师团队数字化转型顾问，兼职西北政法大学人工智能与智慧法治研究院研究员。

Q：为什么和企业相比，律所更不好管理？

A：第一，站在被管理者的角度，律师对组织的依赖度更低。

传统律师属于"产供销"一肩挑的群体，他们对组织的依赖度比较低。我接触的大部分传统律师，一年到头除了用章，几乎和律所没有任何交集。对外宣传是自己，接案、办案是自己，客户维护也是自己，完全不依靠组织。

对比企业，完成企业产品的市场化，至少有生产、销售、品牌、运营等不同部门的不同人员，每一个环节都相对独立又相互依赖，因此，企业员工对组织的依赖度较强。也可以说，离开了组织，个人的价值很难实现。

律师对组织的依赖度更低，这是律所管理的第一个难点。这在本质上，其实是律师渴望实现个人利益的最大化，但难以与组织利益最大化挂钩。

有位律师说得很有趣："律所不管我案源，就没有理由对我提太多管理上的要求啊。"

第二，站在管理者的角度，大多情况下，业务能力强不一定管理能力强。

很多律所管理者之所以成为管理者，大多是因为业务能力强、人缘好、有一定的远大理想等，但他们之前没有任何管理经验。

律师行业的"唯创收论"，导致了大部分管理者实际就是创收大户，但是放到企业的场景中，好的销售却不一定能成为老总。成为企业管理者的因素更加多元，有的企业管理者甚至都没有去过一线，但是对商业模式有独到见地，用人有技巧，就能够胜任。

再进一步想，存在一定的悖论是，对于"律师创收大户"而言，用于管理的时间成本比做业务的成本大多了，律所管理者普遍觉得这本经济账划不来，所以，律所管理也就自然存在某些难点。

Q：在您看来，为什么多数律所很难给只做管理的合伙人以充分的激励？

A：第一，反过来想，很多管理合伙人为什么要做管理合伙人？并不是完全为了实现组织目标。更多是因为，管理合伙人的身份可以链接更多资源，获得更大的个人利益。

这就引出了很多律所设置的管理合伙人严格意义上并不是真正的组织管理者。再深一点理解，就是很多律所的定位不清，本身就决定了所谓的管理合伙人无法真正做管理。

第二，往往产品或是服务做定位时，首要考虑的都是"客户是谁"。比如，微信的客户是普通大众，企业微信的客户是企业，很清晰。那么，律所的客户是谁？是有法律服务需求的自然人和企业吗？不全是。

大部分律所的收入靠吸引越来越多的律师而产生，律师是这些律所的客户。按照这个思路，管理合伙人到底要管理谁呢？

在以律师为客户的律所中，管理合伙人管理的是律师吗？其实是行政一体化运营团队通过律所品牌、服务等，吸引越来越多有不错资源和能力的律师加入，从而提高律所收益。

在这之中获得的收益越大，管理价值就越大，就应该得到充分激励。试想，如果不是如此，合伙人都在为自己挣钱，谁愿意掏腰包给另外的律师支付管理费呢？

说到最后，逻辑大致就是：组织收益决定了管理者的收入，如果其他合伙人的收益与组织收益关联度不大，管理者合伙人的贡献就会难以评估，收入多少也就无法评估。

那么，谁又愿意放弃业务，专做管理，进入一种不确定的状态呢？

Q：管理者是否有必要放弃业务，专做管理？

A：我认为，这是一个得分开来看的问题。一是看组织，二是看个人。

看组织——如果在公司制或是一体化的律所中，非常有必要设置专职做管理的人，而最好的人选就是主任或是有管理能力的合伙人。

在这样的组织中，组织目标是明确的，品牌统一、客户统一、内部有协作分工，长期来看可以形成有效的客户沉淀、知识沉淀、管理人才沉淀。这样的管理就是有效的，在组织发展过程中的价值也会越来越大。

看个人——如果个人有管理的兴趣和天赋，能把实现组织目标当作自己的目标，也有必要专做管理。我认识的一些律师主动注销了执业证出来开公司做老板。这是职业选择问题。

当然，大多数律所管理者都是因为业务做得好而成为管理者。之所以成为管理者，本身就代表了自己意愿上不反对，能力上可胜任。

如此，只需要明确一点，管理者一定是要实现组织目标的最大化，而在某些阶段，组织目标最大化是需要管理者承担一些业务的，而这些业务也不能放弃。

彼得·德鲁克说过："管理是一种客观职能，它取决于任务，也取决于文化条件，从属于一定社会的价值观念和生活习惯。"

不同的律所，任务不同，文化条件不同，也就决定了管理要发挥的职能是不同的，对管理者的要求也不同；甚至对同一律所的不同阶段，也是如此。

律所/团队怎么管理会更好？这或许是每一位管理者要持续探索的问题。

识人用人的四个维度

过去十年三次创业，我在识人用人方面吃了不少亏，走了不少弯路，偶尔能留下来一直追随我前行的，主要是靠运气与人品。

总结下来我用人最大的失误在选、用、育、留方面，做得最差的是选人方面，没有舍得下很大功夫去识别合适人才，也没有很好的工具与方法去测评人才，却耗费了巨量时间去推动人才成长，事倍功半，有时需用大量的时间去解决不适格人才的去留问题。

听得到合伙人脱不花的分享，我深受启发，获得了一个识人论事的结构化思路，在律所的人才招募中同样适用，特别是创始人、CEO选择同僚或者中层干部。她讲到四个万能面试问题。

第一个问题，用于判断一个人的内在驱动力。

比如，如果给你半个月的带薪休假，你会研究什么问题？又比如，现在你赚到1000万元了，初步实现财富自由，你想干什么？我曾经在给青年律师定位时，提出四个"自"的成长要求，即自我定义、自我驱动、自我激发、自我实现。只有内在驱动力强的人，才有抗压力与适应性。

俗话说，选择那种内驱力强的人，不用扬鞭自奋蹄。记得我在看曾国藩的《冰鉴》时，看到他喜欢用爱读书的儒将做军事长官，因为他们有比封官厚禄更高的功名追求，就是立德与立言的精神追求，"事了拂衣去，深藏身与名"，所以这类的内驱力更持久，也更自律。

第二个问题，判断人的自我期望值。

成过事与没有成过事，是有很大差距的。领域是相通的，一个人在之前从事的领域中没有做出过像样的成绩，没有主导过项目的全过程，也很难在新的岗位马上做出成绩。

在面试中，要问他做过什么让自己引以为傲的事情，只要是在事上磨过的人，哪怕是失败过，他对做成事也有深刻的体认。还要问他的标杆是谁？比如，一个人立志做刑事业务大牛，他的对标人物是谁？定位理论中，对标是一个很好的方式，它可以定义自我，通过研究这个标杆，寻找与标杆的距离，从而清醒地认识到自己要走的路。

脱不花认为，通过面试者对行业标杆的了解程度、关系程度，可以进一步了解他的人脉圈、他的认知圈，反向了解他对这个领域熟悉的程度。

第三个问题，判断人的关系偏好。

通过一个人身边的关系情况，可以深入了解他的影响力与关系建立的能力。就像是我对孝敬父母的人、对上一次工作岗位的老板充满感激之心的人、对身边有 10 年以上合作伙伴不离不弃的人，充满着敬意一样。人在关系中呈现的是他的价值观，以及他对于自己、对网络中的角色的自省力、进退感和分寸感。

我时常会问从其他创业团队出走后来面试的人，为什么做出离开的选择？动机与缘由是什么？来我们团队你希望比原来有什么更好的发展？是否清晰地理解本次选择的代价是什么？

领导力的重要象限包括策略力、关系力、影响力与执行力。建立亲密关系的能力，是决定他的整合能力、资源链接能力，以及快速建立信任达到目标的能力，最终通过独特的人格魅力与素养，吸引优秀人才的追随，才是有潜质的管理型人才。

一个人对事情敏感，对人不敏感，组织能力太弱，就不适合发展到运营岗位。同时，也要警惕，如果一个人容易陷入私人感情，多愁善感，缺少一定的钝感，也往往没有决断力。所以，对人与对事要平衡。

第四个问题，判断人的反思能力。

人类有一个伟大的本领，就是类比能力。一件事做成了或失败了，你要学会复盘、学会反思。比如脱不花会问面试者一个问题："针对你刚才做的事，如果你有机会重新做一遍，会有哪些地方不一样？"因为每个人的颗粒度是不一样的，一般来说，颗粒度越细就越能做成一件事，一个人反思的深度体现了他觉察的水准。

反思能力还体现在整体性思维上，一个人有无辩证思维、全局观念、历史性训练、项目管理经验，可以从他对一件事的反思中判断出来。最终主要看迁移能力、类比能力。

判断一个人在场景中的自我认知，是以偏概全，还是融会贯通？你可以从"你做过什么最得意的事"开始提问，从而考量他反思的颗粒度与延展度。

在《吕氏春秋》论人篇中，古人系统地提出鉴定人的基本方法——"八观法"，非常具有参考性和代表性。即："凡论人，通则观其所礼，贵则观其所进，富则观其所养，听则观其所行，止则观其所好，习则观其所言，穷则观其所不受，贱则观其所不为……此贤主之所以论人也。"

以上，便是古人观人、识人的一些小窍门，时至今日，还值得反复揣摩。

实际上，无论技巧多高明，人都是有多样性与复杂性的，它让我们在人性的幽暗中，去探寻穿越的光之隧道。根据吸引力法则，你向着光明走时周遭越亮，向着黑暗走时路途便越走越黑，最终就能找到人性的边界。

从跨越危机中提升领导力

在危机面前，创始人能否带领团队跨越危机与其本人的领导力紧密相关。

我的一个企业家朋友曾因涉公司增值税的问题，身陷囹圄一个多月，终因责任较轻才被取保。这位企业家是核心产业细分领域的隐形冠军，长期专注于产品与技术，而将企业的日常运营委派他人，直到增值税问题事发，自己被羁押之日，对危机的发酵与爆发仍然茫然不知。

优秀企业家的习惯就是善于复盘，我们利用中午两个小时对这件事做了深度的复盘。我认为，这件事中他应对危机的主要做法令人称赞，对经验的总结亦令人印象深刻。

认可合规是领导者的第一责任

虽然他完全有证据证明这件事与自己无直接关系，但仍然向警方真诚地坦承错误，将大部分责任揽了下来，这样可能会保护下属，却会让自己承受更重的处罚。不过，他认为，这是作为创始人不可豁免的领导责任，不能诿过于人。

我看到他的合伙人及高管团队，都是追随他10年乃至20年的朋友与同学。我认为，危机时刻，大家能坚定不移地追随他，全力以赴地处理危机，体现了周围人对他的认可，而其担当第一责任的领导品质，估计也是大家信服他、追随他的主要原因。

危机中需要迅速冷静地识别自己要捍卫的核心资源

这位企业家在看守所惊魂未定的情境里，迅速地抽离出来，保持每天充足的睡眠，保证自己身心健康，冷静思考。他写下假若自己短期无法脱离羁押，公司应该保卫的核心资源、团队如何分工、如何向供应商合作伙伴交代，并通过刑事代理律师与外界保持良好的沟通，让企业高管有效地代行职责，保持公司的持续稳定运营。

在交谈中，他认为作为领导者，即使牺牲自己的自由，也要保障数百位员工及数百个家庭的稳定，更要珍惜客户与生态关联方之间的信任与期待，因为信任比黄金珍贵。这点我的企业家朋友做到了。

深度认识到合规是企业的第一生存法则

这位企业家通过这件事，认识到商业组织的合规，不仅仅是监管的需要，而已然成为企业生存的基本法则，甚至从组织发展角度看，合规会创造商业机会，提高可持续发展能力，保护和提高组织的声誉和可信度，让第三方更信赖。而在风险发生时，可以最大限度地降低违规行为的风险，以及随之而来的成本和声誉损失。

这位企业家同时也坦承，自己内心认可将合规作为战略工作对待的必要性，但是在行动上、组织上并没有抓好落实工作，甚至在潜意识里有逃避的本我心态作祟。最远的距离，是从心到手的距离，更何况从企业内部形成运转良好的合规组织与氛围。

企业合规管理要有从内卷的行业生态里拔出来的勇气

这位理工科思维的企业家，通过与羁押在同一个看守所里的人深度交谈，抽丝剥茧，发现这简直就是一个增值税犯罪的灰度闭环生态，从园区招商、开票主体、代账中介、受票公司等同处于一个违法利益链条，损害的主体相同，即公共税收法益。甚至，他发现，这已经成为行业内惯常的操作方法，买票充抵成本减少个税或企业所得税，成为普遍的行规，否则，会部分丧失在客户或者人才方面的竞争力。

他认为，即使行业内卷，大家对违法行为习以为常，大幅减少收入，仍然要从违规的生态中抽离出来，否则，那把达摩克利斯之剑将如影随形，不知何时会掉下来一剑封喉。我对他的这种观点钦佩不已，即使自己深处黑暗森林，也要学会从暗处寻找阳光，这也许就是我们说的价值主义与长期主义。

企业危机是在不确定的内外部环境下的常态，接下来，我想谈谈企业家在不确定环境下的领导力问题，有领导力的领导者必须善于在黑暗之中给追随者指明方向，穿破迷雾，超越危机，并引领大家继续前行。

用传统的说法，即企业家必须修炼好"取势""明道""优术"三项本领。

首先，取势。我们必须明白当下与过去四十余年的改革开放环境已大不一样。依法治国，共同富裕，国富民强，国家统一，整饬吏治，形成国家现代治理体系，等等，这些是党和国家顺应历史大势的提法，亦达成了最大限度的共识。凡是逆历史潮流的一切人与事，都不会顺达、长久。

举例，教培行业产业化，就与反教育"内卷"、减负、教育公平相悖，受到规制就不难理解。利用大数据杀熟、滥用平台竞争力优势损害市场与客户利益，就会被整治，哪怕你想"绑架""抢跑"，仍然会被拉回来收拾。例子就不用举了，今后做企业，必须懂得你是健康生态的增量贡献者，还是你越疯狂周边就越寸草不留。

其次，明道。我们必须明白当下与未来的中国，什么是企业发展的正确道路，持续发展的动力源是什么。我曾听过一位高级别领导私下场合的即兴发言，他指出，过去四十余年改革开放的成功动力，第一元素不是资本的力量，党的领导、土地公有制、普通中国人民的勤劳、科技的进步、改革开放的良好环境，应该排在最前面，资本力量驱动的排序远远在之后。观点虽然尖锐，但细琢磨，大有内涵。

在中西方都一样，企业家精神是社会弥足宝贵的财富，资本是商业发展的重要推动力。但是，我们应清醒地认识到，如果效仿贯彻西方资本论与西方文化价值观，在中国是行不通的。中国的企业家必须用整体性、全局性与系统性思维看待自己的成功，它不是单一要素的力量，而是需要包括幸运、机遇、政策等生态支持，才能取得那么一点点成绩。

再次，优术。在看清大势、明确方向的基础上，接下来，企业家需要在不确定性环境下，做好战略评估与执行。其一是合规发展，将合规上升到企业的核心战略。其二是平衡好利益关系，公司具有溢出性、外部性，它是一系列利益相关方的生态组合，必须在生态环境中体现企业家的担当。何帆在年底大课里讲过一个企业生存策略，叫"腾挪"，遇到挑战，身处不利的环境下，找到个人的生态位，选择腾挪，这也是中国哲学的智慧。

最后，总结为：在危机时刻，能承担领导责任的领导者一定要具备以下素质：

第一，勇气。拥有快速识别危机的能力，担当使命的勇气。

第二，决断。知道自己捍卫的核心资源，并不惜代价摆脱危机。

第三，凝聚。团结一切可以团结的力量，指引方向，鼓舞人心，重振希望。

第四，传播。对内对外信息是影响力塑造，传播勇气、决断与凝聚的力量。

选拔喜欢张罗的年轻人

我做了十年运营管理，亲手选拔培养的青年才俊也有几十人。管理所需，我在两所商学院读了EMBA，也系统学习了一些人力资源管理的方法论。在此我想分享一个自己选人才的简单有效的标准，叫张罗，特别是在选拔可堪大任的运营人才时，那就是要找喜欢张罗事的人！

"张罗"在现代汉语词典中的含义是：①料理。②筹划。③应酬；接待。

在我们山东话里，张罗这个词用的范围也特别广，喜欢张罗的人无非是热心肠的人，他们特别愿意操持事情，主动为周围人操心，热情为他人安顿照应，等等。

当我决定接手北京瀛和总所的建设时，我曾向孙在辰主任提了唯一的条件，就是请他把其麾下那个年轻人转到我的身边做管理。这位年轻人叫吴庆，接近"90后"，在总部做了4年品牌与市场。

很多人问我为什么选中他？彼时吴庆也没有多少管理经验，尚未有机会展示各方面的才能，对行业缺少系统认知。因此，有人认为我选人有点冒险。

我没有告诉他们，其实我靠的是直觉，当时尚且缺少一个妥帖的词去描述。

今天我终于找到这个词，吴庆是一个愿意张罗的人，而愿意张罗成为他在众多年轻人里被选中的核心理由。

几年前刚认识这位小伙子时，他负责律所的品牌设计工作，与管理和运维不沾边。

第一次对他留下印象是在中国律师发展论坛上，在500人的忙乱会场中，我一搭眼就看到了这个面相憨厚、文质彬彬的小伙子。他在会务团队里迎来送往，呼朋引伴，热情似火，与一般的年轻工作人员就是不一样，而且在迎送刘桂明等大咖出入场时，很是周到。从此，我注意到了这位热情的年轻人。

彼时，我身在上海，平时北京不管大事小事、公事私事，都让吴庆帮忙，甚至是跟恶劣的房屋中介的事情都是找他处置，最后软硬兼施摆平的。

再后来，我发现不只是我，全国的很多成员所主任，像我一样北京有事找吴庆成为惯例。主动俯下身子为别人服务，还让别人心底里感到妥帖，真是他的一种品格。

他追随我做北京瀛和总所建设以来，成为协助我分管行政与人资的运营总监，表现可圈可点。

3000平方米的国际饭店新址装修，全部是他一个人从头盯到尾，与各类装修与设计、布置采购外包公司打交道，斗智斗勇，协调能力强，有原则性，有亲和力，一个多月就交付了惊艳的办公新址。

在人员招聘方面，凡是被他盯上的人才，他会用自己的激情、周全吸引其加入。同事们无论谁找他办事，他都比较爽快，有个别离职的老同事，他都请客并热情相送。我提出要打造一个温暖的文化环境，他执行得非常到位。

年轻人，如果乐意张罗事，说明他喜欢服务他人，渴望成长、进步。那么，他就会获得与年长的、资历深的人共事与学习的机会，也更容易获得被提升到更重要职位的机会。

值得透露的是，我在招聘时，特别看重那些面试之后主动联系并表达加入意愿的年轻人。在工作中，我特别留意那些主动且卓有成效张罗事的人。因为这类人容易"自燃"、自我激励。

如果遇到这样的人才，恭喜你三生有幸，一定不要让他跑了：你若给他一个达标线，他会超常发挥；如果给他一棵树苗，他会培育出一片森林；如果送他一条小溪，他会帮你扩展成一条大河……

中篇

团队与业务：人和事的配置

一、专业的意义

关于专业这件事，这个辣妈明星团队做对了什么？

公司治理部有四个辣妈，她们年龄都在 30 岁左右，专注于股权治理业务，自 2020 年下半年开始做业务，刚刚组建九个月，就完成了超过 250 万元的创收，成为律所一颗璀璨的业务新星。

在团队创建过程中，欣赏她们信任、受教与坚持的精神，感动于她们的勤勉、向上、公益的态度，在此过程中我给她们提供过一些专业化的建议，算是我在北京辅导的第一个团队。没有想到，短短九个月，她们成为律所从零开始的一个团队典范。

以下内容援引自公司治理部蔡璇律师的年底汇报，我想借这个团队的分享，给读者以启迪。

如何理解"三个专业"？

透过现象看本质，透过业务看什么？看专业。现在由我向大家报告一下，我们团队对专业这件事的思考。

什么是专业？大家认为这三组概念表达的意思一样吗？一个专业律师，一个专业化的律师，一个律师很专业。

你们一定能够一眼看明白其中的差异。专业律师，强调整个行业的门槛，说的是律师区别于一般行业的专业性；专业化律师，正是北京瀛和所秉持的人才理念，也是在座各个部门、各位律师已然做出的选择；而专业的律师，才是一个具有价值判断的词组。

前面两个是关于职业规划，最后一个是关于职业理想。

我们心中的专业，就是要一步一步、递进式地实现以上三个"专业"。对于我们这样一个平均年龄35岁的团队，如何理解"专业"的意义呢？年轻人无资历，普通人无资源，专业是自我成就的唯一武器。今天，就和大家聊一下锤炼专业的风格，我们做了哪些事情。

我们认为，无论什么行业的专业顾问都包括两个层次，一是技能上的精益求精，二是服务上的以客户为中心，即从理性和感性两个维度来建立我们团队的专业护城河。

技能的专业锤炼

但凡提及专业技能训练，都会考虑两项修炼，一是输入，二是输出。我们也不例外。

关于输入性的学习，一手抓古老传统的文字输入，一手抓鲜活现代的视听输入，我们尝试建立一个以"企业/公司"概念为中心点的网状知识结构。

文字学习，这是所有律师、所有行业、所有人第一反应会采用的学习输入方式。不仅因为其古老，更因为其高效。既然是所有人都在做的事情，我们只能做得更绝，才能稍微产生一些差异，有些时候是为了比别人更优，也有一些地方是为了追赶与别人的差距。

让专业学习更绝，首先要让它变得更科学。

因此，我们从知识点、专题线和领域面三个维度来平衡精力的分配。

对于零散的知识点，首选精品的微信公众号来学习，做到快速、敏捷、灵活，随时随地发现知识点；对于相对专题式的知识线，我们选择实操类的工具书，从中选取相关的专题章节进行精准阅读。同时根据专题术语从学术论文中获取更深入的资讯与观点；而对于某个相对独立的模块领域，我们会尽可能多地集中采购相关书籍，在最短的期限内通读该领域的书籍，并甄选出最为精华的书籍作为今后研究重点。

有人曾问我，对于不熟悉的新领域，最初做起来会不会心里打怵？尤其是公司治理、股权设计、股权激励这样跨学科性很强的业务，它不仅仅涉及法律问题，还需要从商业模式、组织行为学、心理学、人力资源管理、领导力等各个角度考量来做方案。

如何做到面对客户应对自如，如何做到制订方案心中不慌呢？其实没有什么秘诀，一是靠实战经验的积累和总结，二是靠知识结构的搭建与巩固，前者急不来，我们尚需时日，但后者是可以加速、加挡的，关键在于你愿意付出多少。

视听学习的输入，主要强调两个关键词：一是结构化，二是知识付费。

结构化的问题，刚才也稍有提及，做公司治理、股权业务很具有跨学科性，因此我们的学习网也不能局限于法律，而需要以"企业/公司"概念为中心点，触达财务、公司金融、组织行为学、领导力、商业模式、心理学等方方面面，这样才能进入创业者、企业高管的话语体系。因此在学习领域上，要时刻有这样的一根弦，套用高瓴资本创始人张磊的话说：我是个创业者，恰好是个律师。

关于知识付费，也是我们团队的一大特质。我们几乎不在免费的视听课程上花费时间，不是因为钱多或者爱花钱，而是希望通过付费节约课程的筛选成本，花小钱解决大苦恼。理论上，付费内容质量高于免费内容，这是一件科学的事情，就好比律师收费咨询和在微信上收到"在吗"两个字的心态是不一样的。

我们常选的一些付费频道，法律方面有无讼的线上、线下课程，现在也有很多第三方机构在加强法律课程的品控；还有一些商学院的线下课程，一般占用周末时间，既能学习也能交友；另外就是得到 App、混沌大学等线上品牌也做得很好。这些课程，多则数千元，少则数百元，但是我们的收获往往都物超所值。

输入之后，必有输出，才能将知识内化成我们自己的羽翼。文章写作和专业讲座，我们都在坚持。在这一方面，我们有一种默契：当一件事可做可不做的时候，我们选择做。所以尽管日常工作很忙，我们还是会想方设法逼迫自己先上了再说，时间自然就会涌现出来。比如，全国中小企业协会组织的民法典宣讲讲座，针对民法典担保制度司法解释的条文释义书稿项目，我们都是秉持这样一种态度：先允诺，后安排，先完成，后完美。

我们也相信，文字输出、演讲输出其实是律师专业化和品牌打造的不二法门。2020 年我们其实做了很多尝试，但仅仅是尝试，还没有上升到战略高度去对待这件事，所花费的时间和精力，仅仅对自身的提高和训练比较有帮助，尚不足以产生外溢的效果。所以在未来合适的时机，我们会逐渐提升这两者在团队中的战略地位，尤其是提升对团队合伙人律师的要求。

需要另行补充的一点，是关于品牌的输出。通过一些社会活动、社会职务让我们的专业标签能够外露，这也是很重要的。过去的一年，我们团队的律师因为始终秉持着"可干可不干就选择干"的实践指导，参加了一些法律/党建公益活动，也用专业付出换取了一些社会职务或评价。无论大小轻重，这都是对自己的交代，也是对个人品牌、团队品牌的输出，能够帮助客户提供决策的信息增量。

服务专业化的一路追赶

我相信我们有这样一个共识，即律师作为一个提供专业服务的行业，我们的专业永远走在前面，我们的服务落后于其他成熟行业不止一点点。尤其是在北京这样的一线大都市，我们要服务的客户类型跨度很大，那么在服务专业化这件事上，必须不断追赶。

过去一年的服务专业化，我们做了什么努力呢？主要从三个层次进行：一是提升客户效益，二是做好客户沟通和情绪管理，三是工具赋能服务。而且是有先后顺序的。

一提到服务，我们总停留在理解情绪和态度方面。但是在我看来，服务也是一门科学，那就还得先从理性的角度来思考，如何实现客户的降本增效。

这一年，我们首先突破的是服务产品的可视化，也就是服务产品手册、法律服务方案等。相对于强调这样的东西是在给我们树品牌，我更喜欢强调是在给客户提高效益。文字化、可视化的东西交付客户，第一要义是节约客户的时间，可以实现客户内部人员的快速沟通而不过分损耗信息的传递。

我们是什么样的团队，人员素质达到什么水平，我们今天的会谈提了哪些思路？合伙人之间要交流，下属和领导之间也要交流。而对于法律服务这样专业门槛较高的事情，我们有义务提供一个可视化的结果，为客户行沟通之便。这是我们服务专业化的一个角度。

关于客户关系管理，我们想强调的是"沟通为王"，而其他的客户福利、年终关怀等都是服务于沟通的手段。

团队创业之初，我们做了一件后来被验证为不太正确的事情。我们花钱买了一个手机号，注册了一个类似于客服的微信取名叫"瀛小治"，设想在以后的法律服务项目中，这个账号可以起到一些日常沟通的作用。而当我们团队用它发出第一条沟通信息后，对方的回复是：你是机器人吗？

虽然这是一个无伤大雅的玩笑话，但是后来的思考中，我们认为，用一个没有画像的客服形象做客户沟通，其实是无奈之举。当我们还有选择的时候，应当尽可能地用一个血肉之躯去做这件事。

这一年，我个人还购买了得到创始人脱不花的《30天沟通训练营》，希望可以把沟通这件事做得更科学，更好地服务于个人的发展和团队的发展，而不是仅仅停留在想象中。

最后是关于服务工具，这个道理也很好理解，我们花一点小的预算，把服务的细节做得更完美（比如手机扫描资料必须是去水印的），把服务的效率提得更高。

人人都是产品经理计划

2020年新冠疫情居家初期，我们完成了团队产品手册的1.0版本，实现了从无到有，后来又做了2.0版本的优化。但这仅仅是一个开端，它就像一个没有内容的提纲，一个没有坐标系的指南针。2021年我们的任务是赋予这个提纲以生命，为这个指南针构建一个真实的世界。

生命很短，任务很重。做产品是个辛苦活，还是要讲究方式、方法。因此，我们制定了"小步快跑"的战略，轻量级的启动能加快我们行动的步伐。

我们会将产品模块拆分成100个"子产品""孙产品"，让每个单位产品的量级尽可能轻，而不至于成为我们的阻碍。每个产品都会被属于它的产品经理所领养并由其负责，最终孵化出产品本身。

我们相信，一年 365 天，4 个季度，12 个月，52 周，几个人的小团队，每人每个月只需要做 2 个产品，半个月负责完成，半个月负责完美，我们的目标就能实现。

这就是我们的"2021 人人都是产品经理计划"。

既然是发愿，有发必有还，否则会有不良后果。请求大家帮助我们做一件事：瀛和每一位同事，在走廊上与我们擦肩而过的时候，与我们团队任何一个成员擦肩而过的时候，如果记起来，请多问一句：你们的产品什么进度了？

我们相信，监督是对我们最好的关怀。谢谢！

汇报工作之演讲心得

以上是我在团队 2020 年终述职会议上的演讲内容，它和我另外两位伙伴的发言内容共同构成一个完整的团队述职报告，业务、专业及团队，一个都不能少。

回顾这次年终总结的历程，我们在准备上做得比以往充足很多。我参照得到大学 18 分钟演讲的打磨方式，将打磨流程引入了团队，我们先后从这样八个角度进行作业：

1. 确定叙事风格及演讲初心。

2. 选取三个想要表达的心法：业务合作精神、专业认真精神、成员平等精神。

3. 围绕心法关键词，进行提纲和观点的发散，选择匹配的素材和故事、案例和细节等。

4. 确定演讲大纲。

5. 分工草拟逐字稿。

6.交换意见，完善逐字稿。

7.分工完成PPT并汇总预演。

8.根据预演效果，修订前述所有内容并定稿。

虽然时间很有限，但是大体上没有减少任何一个程序。

说这个细节，是想分享我对这件事的终极感受：一个团队的成员，如果像个真正的团队一样在彼此照应之下共同完成一项相对复杂的任务，此番之后，你们会因为这共同的经历而变得比上一次更像一个团队。

这就是团队精神与团队文化塑造的过程。

以下是我的现场点评：

可以用三个词总结公司治理部团队的整体风格：用心、用情、用意。没有什么可以抵得上独一无二的用心。

无论是一家律所，还是一个团队，核心的能力结构有三个：专业能力、市场能力、运营能力。而专业能力是基础能力。

但是专业的事，又不是专业本身，必然有其层次性。态度决定效果，思路决定出路。不同的专业方向，因为团队创始人的性格特质、时机选择、立意高低、定位清浊、流量出入、团队聚散、品牌搭建、分配妥否及坚持或放弃等要素，最终展现出来的结果迥异。

在总结他们的方法论时，用了五个"先"、五个"后"，即先团队后业务、先输入后输出、先付出后得到、先完成后完美、先完美后交付。其实，无论是内部交易市场的建设，还是产品塑造团队的搭建，用心就是了，凡是做难的事必有所得。

什么样的公开分享才叫座？

罗振宇老师讲，每个行业的红利，都将向善于表达者倾斜。那么，作为以语言表达为工具的专业服务者，对于表达的有效性这件事我们必须认真研究。以下是我在得到听老师分享后摘录的课堂笔记：

这个时代的红利，将比以往更容易也更快速地集中到每一个行业中那些"分享的高手"身上。

1. 演讲、发言与分享有什么不一样呢？

它们是有交叉但又不太相似的三种公开表达行为。我们不是致力于成为一名演讲专家，也不是想成为喋喋不休的话痨，而只是想成为一个分享的高手。我们致力于将分享的内容，以特定的形式与内容陈列，抓住他人的注意力，让别人津津有味地听完并感觉特别受启发。

2. 为什么做公开分享要从挑战出发？

大部分人的分享都是从概念出发，而好的分享是从挑战出发，本质上是对用户的位置、走势的管理。比如"我是如何培养牛娃的"就比不上"我是如何在担任公司 CEO、丈夫长期戍边的情形下培养牛娃的"更吸睛；再如，"如何玩遍北京"就不如"如果只在北京停留 2 个小时，如何感受北京"更让人生发好奇心；又如"北京白领如何穿着打扮"就不如"月工资 8000 元如何装扮不失优雅却又不显得 Low"。

3. 哪些挑战设定可以让分享更棒？

超级模型就是：挑战 = 主角 + 目标 + 困难。优秀的新闻报道和经典电影中的"5W+H"（Who, When, Where, What, Why 与 How），都是值得从概念中跳脱出来，选取有挑战性的元素，组合起来设置悬疑，形成独特印象。其实，冲突是戏剧的生命，而设置挑战就是分享的开始。

4. 如何寻找挑战中的困难？

第一种困难，资源限定，如时间、金钱、经验等。例如在表彰大会上分享"我是如何做好 2020 年镇政府交代的防疫工作的"，可以在上面设定困难：人手不够、防疫物资短缺、资金没有到位，但最终完成了零感染的工作目标。第二种困难，对象限定。如何给一个军事的外行，半小时讲透克劳塞维茨的军事理论？如何给学哲学的人讲透人类飞月球？第三种困难，比较限定。哪些重要、哪些不重要，内容的先后次序，排列组合，直接决定了价值排序。

5. 你的解决方案为什么能让人赞叹"aha"？

什么是"aha"，就是你的脑洞大开让人不由自主地赞叹，但不能是你的顿悟，仅仅是别人的常识。怎么让别人"aha"？"一有细节就深刻，认知升级就快乐。"要提供与传统解决方案不一样的方案。

6. 如何逼问出独特的解决方案？

得到老师给出的思路是，在心中问四个问题：传统的解决方案是什么？传统的方案为什么无效？我的解决方案是什么？我的方案为什么有效？参照学习"我是如何将保险卖给冯仑先生的"分享，以及学员如何挖一位牛人的分享。解决方案需要细节和认知的新旧对比。

7. 如何精装修你的方案表达？

得到老师的答案就是：

概念尽可能变成场景；

道理尽可能变成故事；

事实尽可能变成对比；

排列尽可能变成递进；

号召尽可能变成指令。

要有产品学术化的能力

我在上海团队时，就提出律师业务的创新必须走学术产品化、产品学术化的道路，当时响应的人寥寥。大家业务很好做，收入不愁，业务学术化是一条性价比不高的僻狭之路。

瀛和研究院的秘书长蒋保鹏从最高法离职后，加盟瀛和做顾问，为了提升瀛和的学术含量，我力邀他从事偏学术的研究工作，这位朴实的山东同乡爽快地答应了，从而开启了瀛和学术研究的氛围。

后来，我才发现，这位本硕毕业于人大与北大的蒋兄，本身就是一位酷爱读书的高产作者，有在个人公众号坚持日更的习惯，在最高法工作期间就有不少文章流传于网络。2021年他提出每天一万步、每天一篇学术日志的目标，邀请我们时不时监督他，令我佩服不已。

对于律所与律师做学术，我俩有共识，在律所内做学术工作，不一定产生直接经济效益，但是，日拱一卒，涓滴效应，是贯彻长期主义的价值，非一时之利。

同时，我们认为太多新领域、新法规、新业态、新产品，需要律师以学术的态度进行前瞻性研究。

而对于资源与业务双向匮乏的年轻律师来讲，学术阅读与写作是一条品牌塑造的"捷径"，何况，说与写本来就是业务操作的硬核能力，它们能将实务与学术有效勾连起来，完成专业的产品与学术体系构建，能够把律师执业的专业"壁垒"构建起来。

于是，在这一背景下，瀛和研究院的职能就成为智囊与学术的载体，成为以专业化和理论与实践结合为目标的专业研究机构。其主要工作内容又超越学术本身：

（1）专业研究。以理论为基础，以实务为导向，对律师诉讼、非诉业务所涉及的专业内容做系统、细致研究。自 2020 年开始至今数次编辑出版《典论》。

（2）案例讨论。对正在办理、可能接受委托或者已办结的案件，尤其是重大案件召开案例研讨会，群策群力，拟定办理思路或总结经验。2020 年开展了 14 期，讨论了诸如房地产开发、担保制度、违约金、诉讼程序等多方面的案例，对实践中争议较大的问题进行了广泛而深入的探讨研究。

（3）模拟法庭与专家论证。拟在遇到重大、疑难案件时，举办模拟法庭，对案件进行整体把握，做全面准备。整合所内资源或委托外部专家，以理论结合实践的论证方式，为高端客户提供完备的诉讼/非诉解决方案。

（4）关注新领域、新问题、新规范、新动态，做出预测和展望，做好学术准备。

例如，在年度工作展望时，瀛和研究院曾规划工作如下：

（1）发布瀛和未来五年学术发展战略大纲；

（2）举办一次具有行业影响力的产品学术大赛；

（3）主导一场律所发展与规划领域的相关论坛；

（4）推出 4 期《典论》学术刊物；

（5）建成 100 人规模的专业顾问人才智库；

（6）对外发表 30 篇以上的行业文章；

（7）出版图书业务、管理类著作 3 本。

期待瀛和的点滴学术，助力平台化、数字化、产品化与一体化战略。

律师业务的机会：以《民法典》颁布为例

　　《民法典》颁布后，法学界、司法界、律师界已经掀起一股学习的热潮。我先通读了一下《民法典》的全文，有心的网友将《民法典》与《民法总则》等九部法律比照，发现新增了 197 条，其中不乏制度创设与创新，以回应现有鲜活的生活与商业需求。

　　用不严肃的话说，所有合规的商业机会都写在《民法典》中，就像所有违法暴富的方法都写在《刑法》之中一样，要认真研读，做好新业务的定位。

　　比如，在我看来，以下制度创建中，如农村承包经营权制度、居住权制度、物业管理等新入法的典型合同、遗产管理人制度、个人隐私权与个人信息保护合规，就隐藏着律师业务的海量机会。

农村广阔天地，律师大有可为

　　《民法典》将农村承包经营权制度，在统分结合的承包责任制度基础上，分离出了土地经营权制度。将国家前几年政策试点的"三权分置"在农村承包土地与宅基地的适用，确立到《民法典》中，可以说把国家的基本经济制度用《民法典》这一基石性法律，加以固定。

　　《民法典》第三百三十九条规定，土地承包经营权人可以自主决定依法采取出租、入股或者其他方式向他人流转土地经营权。第三百四十条规定，土地经营权人有权在合同约定的期限内占有农村土地，自主开展农业生产经营并取得收益。这将极大地释放农村的生产力，解放农村生产关系。

在城市化进程加快，部分农村经济日显凋敝，农业产业化及贫困农民脱贫双重困境下，探讨解决土地流转的新模式，土地经营权入股，保障土地经营者利益、农民专业合作社的利益，《民法典》为权利边界设定扫清了障碍。律师要深入研究，为农村集体经济提供制度性服务。

其实，在农村制度性创新上，律师已经在开拓的路上。2018年2月"中央一号文件"提出"三权分置"改革后，浙江省发放首本农村宅基地"三权分置"不动产权登记证，标志着农村宅基地"三权分置"改革正式开始落地。我所在的上海瀛东律师事务所是最早参与服务类似项目的律所，瀛东律师为"宅基地使用权人"安可乡建团队提供全程法律服务，并见证了这一重要的历史时刻。

所以说，农村广阔的天地大有可为，律师不能缺位。

从区分建筑物所有权到居住权制度的机会

什么是居住权？

《民法典》第三百六十六条规定，居住权人有权按照合同约定，对他人的住宅享有占有、使用的用益物权，以满足生活居住的需要。当然，作为新创设的物权制度，是一件严肃的事情，设立居住权，当事人应当采用书面形式订立居住权合同，还要到登记机构办理居住权登记。

与房产所有权和租赁权相比，居住权有非常不同的特点：（1）居住权无偿设立，但是也可以另行约定付费；（2）居住权不能转让、继承；（3）已经设立居住权的房屋不能出租，但是另有约定的除外；（4）居住权期限届满或者居住权人死亡的，居住权消灭。

居住权制度的创设，必然会对房地产市场以及空间中的人与人关系产生巨大影响，一方面居住权填补了房屋所有权和租赁权之间的空隙，可以帮助所有权人最大限度地发挥物业的经济效用。另一方面居住权作为一种占有权利，必然与所有权分离，对将来的房地产开发、物业用益物权创设、继承与遗赠、税负结构、房产交易产生重大影响。

我们知道，影响中国 20 余年的按揭制度，就是将抵押权与所有权结合的金融产品，内地律师参与设计并执行这一商业模式，影响了整个中国的房地产交易格局。期待有天才想象力的律师，在居住权上认真思考，或可取得若干产权制度的创新。

典型合同的增设是存量业务提升的蓝海

《民法典》合同编草案共计 526 个条文，几乎占了半壁江山，在原来的合同法基础上进行了全方位的修订，这是紧跟新时代步伐，积极回应社会生活的热点问题，值得认真研究。

典型合同有变化是这次民法典改进最大的篇幅。《合同法》规定了 15 种有名合同；《民法典》合同编草案规定了 19 种有名合同，增加了保证合同、保理合同、物业服务合同、合伙合同。《民法典》还增加了准合同，规定了无因管理和不当得利。

值得一提的是，《民法典》将物业服务合同上升为独立合同类型。在第 24 章 "物业服务合同" 中用了第九百三十七条至第九百五十条 14 个条款，以较大篇幅对物业管理进行系统原则的规范，针对物业空间的边界设定、区分建筑物所有权、物业与业主的权利义务、业主自治规范的设定、共有关系的明晰规制。

随着中国房地产市场的增量到存量的转型升级与价值提升，城市更新、社区治理等工作将成为城市运营者关注的重点，律师的业务下沉至社区，做好物业法律服务、业主自治服务，在民法典时代有了更多的工具进行存量资产整合服务。

物业管理的上下游市场巨大，物业管理、智慧社区、优选生活、品质居住、商业管理、居家养老等，都是值得律师关注与切入的地方。而且这些年资本市场对物业产业趋之若鹜，每年都有赴香港上市的境内企业，从新三板汇集的40家物业企业来看，都有巨大的成长机会，这都是律师服务的客户细分行业。

律师是最佳的遗产管理人

《民法典》在遗产编中一个重大的制度创设，就是遗产管理人制度。这是对家庭财富传承现状的一个制度回应，随着公民的财富种类和数量逐渐增多，债权债务关系越发复杂，遗产控制权以及遗产债权人诉求利益保护等案件日益增发，影响了家庭稳定，造成社会秩序的失衡。

《民法典》回应大势，新增加了遗产管理人制度，并对遗产管理人的产生、职责、民事责任以及报酬等作出了规定。这一规定有利于公序良俗的形成，有助于保持遗产的公平公正分配，也有利于保障交易安全。

《民法典》规定，没有遗嘱执行人应当推选遗产管理人，且若对遗产管理人的确定有争议的，利害关系人可以向人民法院申请遗产管理人。同时，规定遗产管理人可以依照法律规定或者按照约定获得报酬。

接下来，律师应该认真研究具体的业务产品，争取成为被家族或被继承人信任的受托人，以遗产管理人身份处置遗产，在复杂的遗产分配继承中担当总管家角色。当然，业务的创新尚未有一定之规，借鉴其他国家和地区对遗产管理人制度的规定，以及现行法律中对破产管理人的规定来进行协议签订、公告、债权申报、管理和分配遗产等程序。

律师当仁不让，理应成为该项细分领域的开创者与领衔者，与这块业务相关的公证、保险等机构，既可能是律师的竞争对手，又可能成为律师的合作伙伴，看谁的产品能力、业务能力与信任机制建立得更深、更强、更快。

数字化业务将是青年律师弯道超车的机会

从增设个人信息保护条款，到加大对网络虚拟财产的保护，《民法典》顺应数字时代发展态势，回应了当今社会的现实需求。针对互联网和大数据等技术发展带来的个人信息与隐私屡受侵害的现象，《民法典》作出了具体规定，并且首次将数据、网络虚拟财产纳入保护范围。

当前正处于数字化转型时代，传统民商法的制度规定在新型交易模式面前需要不断完善。《民法典》既要充分反映数字时代特征并应对时代变革给法律带来的挑战，又要对数字时代的产权与衍生权利作出特别的制度安排。

数据保护、个人信息安全，牵涉《民法典》之外的网络安全法、电子商务法、刑法、消费者权益保护法、反不正当竞争法与反垄断法，这些法规牵涉数字化产业的复合型纵深条线，有的还与互联网科技深度融合，未来凡是与数字化转型相关的业务，互联网企业或有互联网业务的公司都需要此类的合规经营服务，因此，优秀的律师同行要加强对此项内容的研究，相信复合型的有学习力的律师将有机会在此领域内一施拳脚。

结语

中国未来十年，按照9%的复合型增长，会拥有约160万名律师，业务收入会超过2000亿元，与100余万亿元的国民生产总值相比，体量尚轻，但是作为现代服务业的重要组成部分，必然与中国的政治、经济、社会、军事、文化、外交、国防、医疗、教育、科技等紧密相连，既是其他所有产业的法律服务供应商，又是这些领域发展的动态"晴雨表"。

根据定位理论，法律服务者不但要埋头做业务，学会取势、明道、优术，还要在红海业务竞争日益加剧的情形下，从蓝海市场中找准自己的业务定位。

从整体来看，在中国法治化进程、市场化进程、科技化驱动不可逆的情形下，会有大量的细分行业、细分业务值得律师去开拓。

总之，不谋全局者不足以谋一域，不谋万世者不足以谋一时。《民法典》背景下的律师更要有宏观政经视野，下大功夫去努力研究业务的蓝海市场。

海派律师何以自成一派？ ①

我在主持一场上海律师品牌沙龙时，邀请了沪上多位知名律界大咖，演讲中多次提到了"海派律师"的品牌概念。本土的优秀同行多以上海律师的身份而自豪，场下我又与智合 CEO 洪祖运等多位上海律师行业观察人士交流，觉得"海派律师"已经超越了地域的概念，深得沪上同人的认可，成为集体自觉。

其实，这一话题私下谈论可以，是否公开探讨我有所顾虑，因为上海律师的行事风格历来低调内敛。不过，从上海市委市政府的施政方针里，我们可以找到与本文话题的暗合之处：上海市在 2017 年就提出了"全力打响上海服务、上海制造、上海购物、上海文化四大品牌，以追求卓越的品质着力构筑上海在全国的战略优势"。所以，我斗胆就"海派律师品牌形成的内部外部基础条件""上海律师品牌现在面临的问题"以及"如何进一步提升竞争力"等几个话题谈谈自己的浅见。

海派律师可否自成一派？

海派律师、海派律所，是否可以成为独立特色的集体品牌？我的答案是肯定的。

---

① 本文鸣谢智合 CEO 洪祖运提供的数据，感谢史建三教授提供的观察视角与图片。

从历史文化传承看，上海是最早诞生律师的地方，1912 年就成立了全国最早的上海律师公会，成为民国时期上海滩一支活跃的社会力量，活跃于民国的法律、传媒、政治、革命舞台上。

我曾经在复兴中路 301 号的上海律师公会旧址内，看到吴凯声为被捕的共产党员廖承志、陈赓辩护；章士钊为陈独秀辩护；张志让、张耀义为"七君子"辩护。作为中国的"七君子"之一的史良大律师，新中国成立后曾任司法部首任部长、全国政协副主席、全国人大常委会副委员长、中国民主同盟两届中央主席。她是司法工作的开拓者，也是中国妇女运动的领袖之一。

中国律师制度恢复四十余年来，上海律师凭借专业与案例的影响力，薪火相传，领衔行业。先后诞生了一代又一代的知名大律师，如老一辈的李国机、郑传本、傅玄杰等。其中，李国机律师创建了全国第一家私人律师事务所。伴随着上海进一步改革开放，陶武平、朱洪超、朱树英、吕红兵等知名本土律师也成长起来。这些律师无论是从职业道德、业务水准、办案能力还是从社会担当、性格气质等方面来看，都深深镌刻着海派文化的印记。

尤其是近十年，上海律师行业的发展速度可谓惊人，我清晰地记得，2010 年 2 月到上海时，全市律师人数不足 10000 人，超过 100 人的律所只有锦天城 1 家。据上海律师协会统计，截至 2023 年 9 月底，上海拥有律师 38348 人，超 100 人律所 45 家。律师人数占上海常住人口比例提升至万分之十一，接近发达国家水平。

2022 年上海律师承办各类诉讼案件达 156.6 万件，非诉业务 61.3 万件。上海的律所品牌化、综合性建设，在全国特别亮眼，一批批本土律所品牌崛起，2022 年创收前 20 名的律所占上海律师行业总创收的 45%，创收非名前 10% 的律所，占上海律师行业总创收的 81%。

从规模与发展质量上看，海派律师都称得上是全国同行艳羡的一个群体。在本土律所中，诞生了诸如方达、锦天城、通力、海华永泰、虹桥正翰、协力、段和段等全国知名品牌。更让人惊奇的是，从北京发源落户上海的知名律所中，有的发展质量与规模甚至超过了北京总所，本土化的特征也非常明显，在上海规模律所占据了相对优势，如君合、中伦、金杜、国浩、大成、盈科等，这体现了上海法律服务的市场化水平，包容短长、开放进取。

从行业执业口碑看，无论司法界还是律师界，上海律师都有着鲜明的城市烙印：精干、务实、专业，谦逊有风度。笔者曾经与各地的法官交流，他们普遍评价上海律师在庭审内外展现出了良好的职业素养，不但敏锐、善算，而且风度翩翩，外表清爽。

那么，用什么词可以高度概括这一独特群体呢？其实用上海城市精神的十六个字，就恰如其分：海纳百川，追求卓越，开明睿智，大气谦和。前八个字代表了行业的开放创新、专业高效、包容共享，而后八个字则代表的是实现前者的路径，以及应该具备的精神气质与品格。

海派为何自成一派？

海派律师、海派律所，这一概念从被小心翼翼地抛出，到慢慢被行业认可，有着其深厚的海派历史文化风格，也有着其独特的政经区域环境因素。

"海派"来自文化自觉。海派律师的概念衍生于海派文化，是上海开埠后形成的独特商业文化，有着国际性、地域性、时代性的鲜明特征，这一特征有如海派国画、海派文学、海派电影、海派日化等，使得上海成为一个时髦与流行的代表。20世纪30年代，文学上有"京海之争"，鲁迅、沈从文等纷纷参战，"海派"这个概念就被赋予了更多文化符号色彩。

"海派"有浓厚的地域特征。如果用人口数字统计一下上海的结构，百年以来江苏、浙江籍移居到上海的人口成为人口主流。长三角地区的方言、习俗、人情相通，商业交流频繁密切，文化互动相承，而沪上的长三角地区籍贯的律师也相应占到了主流。

海派律师得益于全球最大的经济圈哺育。经济兴盛，特别是民营企业与外商投资兴盛，律师才兴盛。长三角地区拥有面向全球、辐射亚太、引领全国的世界级城市群，在国家现代化建设大局和开放格局中具有举足轻重的战略地位，是中国参与国际竞争的重要平台、经济社会发展的重要引擎、长江经济带的引领者，也是中国城镇化基础最好的地区之一。长三角城市群经济腹地广阔，拥有现代化江海港口群和机场群、健全的高速公路网、密度领先的公铁交通干线。

海派律师得益于上海良好的法治营商环境。新冠疫情期间上海市人大常委会立法发布的《上海市优化营商环境条例》，让人眼睛一亮。上海市政府在持续优化营商环境、激发市场主体活力、维护企业的合法权益上，可谓不遗余力。上海市各级政府的治理能力现代化水平至今保持着国内领先地位，法治环境为企业界称道。没有对比，就没有伤害，上海律师同人在外地办案的过程中体会尤为明显，更会为在上海执业而备感幸运。

海派律师在上海受到的扶持力度也让人印象深刻。近年来，全国诸多城市在高调扶持律师行业发展，做大做强律所的举措不断出台。其实，在十几年前各级政府就对上海的律所提供了普惠性的财政补贴政策，如果创收达到一定程度还可以一事一议提供更大力度倾斜，特别体现在税收上，能够提供最大限度的支持。

与上海律师行业整体 200 多亿元的创收相比，上海政府更看重律师这一群体对当地经济的溢价效应、对公共法律服务环境的带动作用。例如，在静安区，无论是担任人大代表或政协委员的数量，还是在组织评选的领军人才数量上，律师行业都是占比最多的行业之一。

总之，上海正在致力于成为"卓越的全球城市""具有世界影响力的社会主义现代化国际大都市"，律师行业有机会为市场主体提供全方位法律服务，有潜能为城市治理贡献民间智慧。对此，我满怀期待。

跟京派律师比，海派律师还有哪些短板？

海派律师独特的文化自觉，是其在全国乃至全球范围内领先或崛起的重要基础。不过，从公开的数据来看，海派律所无论是与北京律所相比，还是与全球知名律所相比，尚有很长的一段路要走。

从国际上看，虽然上海律师人数占比接近发达国家水平，但在总创收和人均创收上，与发达国家或地区差异较大，美国律师 2019 年人均创收 100 万美元（折合人民币 700 万元），上海人均创收是其 14%；排名第一的凯易律师事务所，2019 年总创收近 42 亿美元（折合人民币 300 亿元），一家律所的创收超过了全上海律师业一年的总创收。

上海社会科学院法学研究所研究员史建三老师通过钱伯斯、智合等公开渠道的资料，用数据将北京与上海的头部律所作了有趣的对比，从图 1 中的数据可以看出，京沪律师的行业差距，无须多言就可以判断：海派律所和京派律所在战略目标与国际影响力、业务专业化与市场占有率等方面的差距相对比较大。

170 名 国际化人才 **99 名**
（含上海在北京分所的执业律师 10 名） （含北京在上海分所的执业律师 37 名）

北京 VS 上海

187 个点 国际化布局 **14 个点**
（国际化布局最多的 前五家律所统计数据） （国际化布局最多的 前五家律所统计数据）

图 1 上海与北京涉外业务人才对比 ①

图 2、图 3 反映了中资所在中国法域和国际及跨境业务方面的竞争力。纵轴代表在中国法域内，该律所国际及跨境业务的实力及影响力，以该律所的榜单排名、国际及跨境业务各项指标以及客户反馈为基础。横轴代表律所国际及跨境业务的海外影响力，以律所海外办公室的数量为基础。

---

① 数据来源于司法部 2019 年公布的《全国千名涉外律师人才名单》。

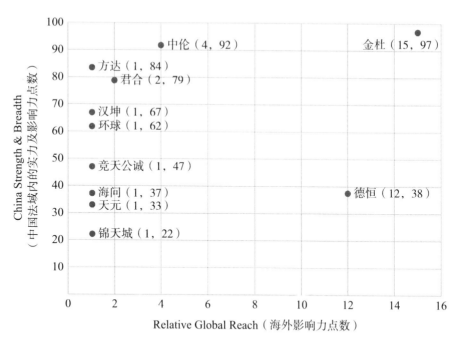

图 2　2020 钱伯斯全球榜：中资所国际及跨境交易能力①

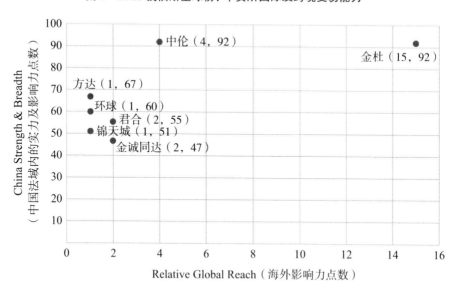

图 3　2020 钱伯斯全球榜：中资所国际及跨境争议解决能力②

①　数据来源：钱伯斯官网。整理／制图：智合研究院。
②　数据来源：钱伯斯官网。整理／制图：智合研究院。

根据钱伯斯的介绍，"国际及跨境能力"主要包含4项评价标准：（1）作为主要负责律师（Lead counsel），为发生在不同国家的关联交易、诉讼程序或监管问题提供协助与建议；（2）在境外拥有分支机构（Global reach），为客户提供全球市场范围内的高质量法律服务；（3）为客户提供无缝衔接和综合性的法律服务，并在跨境服务方面打造良好的客户体验；（4）通过在全球性法律服务部门或行业实践中所积累的特定知识或经验，帮助客户处理国际事务。

京派律所和海派律所的差距，也体现在钱伯斯和 The Legal 500 所发布的中国律所排名中，如表1和表2所示：

表1　2020钱伯斯中国法域律所影响力排名
北京律所 VS 上海律所

北京律所	上榜执业领域数	上海律所	上榜执业领域数
中伦	30	方达	17
金杜	27	锦天城	14
大成	21	通力	7
君合	21	瀛泰	4
环球	16	建纬	3
德恒	13	虹桥正翰	2
观韬中茂	12	恒信	2
国浩	11	汇衡	2
竞天公诚	10	协力	2
天元	9	保华	1
汉坤	8	邦信阳	1
金诚同达	8	段和段	1
安杰	5	海华永泰	1
达辉	5	华诚	1
浩天信和	5	汇盛	1

北京律所	上榜执业领域数	上海律所	上榜执业领域数
天达共和	5	江三角	1
海问	4	君悦	1
嘉源	4	蓝白	1
君泽君	4	融乎	1
康达	4	融力天闻	1

注：限于篇幅，略去北京律所中上榜 3 个执业领域以下的律所 30 多个，上海律所中上榜 1 个执业领域的律所 10 个。

表2 2020 年 The Legal 500 亚太排名：中国法域律所榜 北京律所 VS 上海律所

执业领域	第一梯队北京 VS 上海	第二梯队北京 VS 上海	第三梯队北京 VS 上海	第四梯队北京 VS 上海	第五梯队北京 VS 上海
反垄断与竞争法	5：1	3：0	5：2		
银行与金融	4：1	5：1	3：1		
资本市场	2：1	7：0	5：1	2：1	
公司并购	3：1	6：1	4：1	3：0	3：0
争议解决	2：1	5：0	5：0	5：2	
金融科技	2：0	3：0			
医疗与生命科学	2：1	3：0			
知识产权（诉讼）	7：1	4：1	4：3	4：1	
知识产权（非诉）	4：0	6：1	5：1	1：1	
投资基金	3：1	2：0	5：2		
劳动法	3：0	1：4	7：2		
私募股权	3：1	2：0	5：1	7：0	1：1
项目与能源	3：0	4：1	2：0		
房地产与建筑工程	2：1	1：0	3：3	2：2	

执业领域	第一梯队北京 VS 上海	第二梯队北京 VS 上海	第三梯队北京 VS 上海	第四梯队北京 VS 上海	第五梯队北京 VS 上海
监管与合规	1：2	2：0	1：0		
破产重组	2：0	1：1	3：0		
海商海事	1：1	2：0	2：0		
TMT	4：1	4：0	5：1		
税务	2：0	2：0	5：0		
WTO/ 国际贸易	3：0	5：0	2：1		
总计	58：14	68：10	71：19	24：7	4：1

如果说上述两大国际评级机构因过于钟情京派律所或因海派律所过于内敛而未申报，从而导致统计数据失真，那么，统计表则是完全根据公开数据而整理，基本上不存在失真情况。以并购交易为例：2019 年，中国大陆地区所公布的并购成交量合计 4008.16 亿美元，交易数合计 5194 单。北京占有市场份额 10.3%；上海仅占 2%，锦天城占 0.3%。

表3　中国大陆地区已公布交易法律顾问排行榜（交易数排行）

法律顾问	排名	市场份额（%）	成交量（百万美元）	交易数（单）
方达	1	2.6	10284	84
金杜	2	5.2	20958	36
中伦	3	1.6	6563	25
瑞生	4	1.2	4860	18
国浩	5	0.4	1545	17
高伟绅	6	2	7920	16
奥睿	6	0.2	774	16
竞天公诚	8	0.5	2102	15
贝克·麦坚时	9	1.5	6006	13
欧华	9	0.5	1979	13
世达	11	1.2	4802	12

法律顾问	排名	市场份额（%）	成交量（百万美元）	交易数（单）
富而德	11	0.7	2700	12
年利达	13	3	11982	11
达维	13	0.7	2655	11
伟凯	15	1.8	6998	10
司力达	15	1.1	4292	10
锦天城	15	0.3	1066	10
盛信	18	1.1	4408	9
英国安理	19	2.4	9459	8
嘉源	19	0.7	2614	8
合计	—	28.7	113967	354

资料来源：Bloomberg　整理 / 制图：智合研究院

基于此，史建三教授提出了两个问题：

第一，为什么两城执业律师总数和业务创收相差无几，而头部律所在国际化、专业化、市场化和青年律师培养方面的差距却那么大？

第二，海纳百川、兼容并蓄是海派文化的精髓，海派律所在汲取国际一流律所文化（含管理文化）方面为什么却远远落后于京派律所？

史建三教授初步邀请我从以下角度分析。我觉得这些角度非常合理，不过每一项的权重有所不同而已，没有样本数据我不敢妄下结论，期待具有国际视野、大格局思维的团队、律所、行业管理者，能共同探讨，为中国律师业的发展贡献一份力量。

（1）京派文化的熏陶；

（2）率先汲取国际一流律所文化，具有使命担当；

（3）具有大格局思维；

（4）具有跳一跳能实现的战略目标；

（5）政治、法治、央企中心的资源优势；

（6）以利益共享分配机制为引领的管理体制；

（7）创始人的睿智与人格魅力；

（8）先发先占效应；

（9）律所领导力和战略执行力。

在我看来，史教授提及的影响要素，可以从取势、明道、优术的结构分析，也可以从竞争力结构模型展开。首要的因素就是"海派"律所应该塑造战略能力与领导力，以良好的战略能力叠加组织能力，匹配外部资源并整合，创造卓越的律所平台。

我在 2013 年阅读完《中伦的秘密》一书后，于同年 6 月 3 日的朋友圈写了如下读后感：

读完《中伦的秘密》一书后，又见了本书的作者申欣旺记者，也总结了 6 点中伦风云二十年成功的体制经验：

1. 雄才大略的领军人物：领袖搭建强大的平台，平台成就优才梦想，具备博大的胸怀、无私的人格、开放的国际视野，站在行业发展前沿，强力推进变革的韧性与勇气。

2. 顺势而为的发展眼光：洞察并紧跟市场需求的变化，分析国内外竞争对手，找准业务定位，对标强者，坚定不移走律师专业化之路，树立在行业主要业务领域上的竞争优势。

3. 不断优化的分配机制：从公司制到提成制再到计点制，收入模糊化，考核公平，在公共福利与个体激励方面不断寻找平衡。

4. 持续推进的一体化：市场本土化，服务全球化，全球合伙人管理决策一体化，投入与分配更是在一个池子中流进流出，一张资产负债表和损益表。当然，支撑一体化的不仅是科学化管理体制，还紧密依赖于律所强大的知识管理系统与协同信息技术。

5. 民主决策与价值认同：无论张学兵是否担任主任（事实上张学兵长达 8 年时间不担任所主任），无论合伙人数量多少，整个律所重大事项都是由合伙人以一人一票的方式民主决定的。百名合伙人没有发生重大民主决裂的基础是因为有着强烈的价值认同感和使命感，并通过张学兵、乔文俊、吴鹏等领袖人物渗透影响全所，把控律所的发展方向。

6. 立足中国对标国际：相比于欧美几百年的律所律师发展经验与制度沉淀，中国律师虽经 30 年的发展却仍处于成长期，中国律所更要向国际一流律所学习管理体制、业务能力、信息技术、人才培养、区域协同、客户拓展等，张学兵及大批合伙人的海外学习经历，奠定了中伦国际人才引进等国际化之路。

在高铁上撰写此文时，心里感慨万千，余生若能在上海和北京这两座城市，塑造一家真正有行业影响力的律所，也不枉自己在京沪专注律所管理十年的积累与付出。

幸亏在创业路上，遇见越来越多的同路人。微斯人，吾谁与归？

二、走向合作

如何破解律师跨团队协作难题？

南方某大型律所内部曾曝出两位合伙人的合作纠纷，因推荐业务的律师与承办律师对数百万元律师费的分配问题有分歧，私下谈判未果，矛盾升级，甚至在几百人的微信群里打起了口水仗。因利润分配问题同室操戈，并有吵架截屏溢流到所外引起热议，法律人的谦和形象瞬间破灭。最后，律所成立临时仲裁委员会，多次调解，才平息了纠纷。

这件事引发了我对于律师间合作的思考。熟悉咨询业或法律服务业的人都知道，律师的主要业务来源之一就是律师同行特别是同事间的推荐。同时，服务客户也需要相互协作完成，这是专业分工的必然选择，也是客户服务的基本现状。

据我了解，一些西方发达法律服务市场，由于政策规制、行业成熟度，法律人相互间推荐业务，没有案源收益分享的概念，大家较多关注被推荐客户的服务质量，而不参与客户收益的分享。但在中国同行间，业务收益在案源推荐人与承办人之间进行分享是公开的秘密，也很少有人视之为不正常。由于行业发展阶段的不均衡、执业理念差异等，导致一些问题。

问题：构建内部交易市场的障碍

作为平台的管理者、运营者，一直在合伙人内部推行"内部交易市场"

制度的建立——通过营造专业协作的氛围，提升律所的竞争力，增强解决客户复杂问题的能力。

同时，在遇到重大复杂疑难业务时，会集合平台的外部同行力量，在客户同意的情况下，一站式解决客户问题。

跨专业、跨团队协作的重要性毋庸讳言，可现实中，笔者常在不同场合听到律师或合伙人抱怨或感叹对于业务合作的困惑，集中表现为：

（1）把业务交出去，不能确信承办人能像自己一样对待客户，保证服务质量与良好体验。

（2）把客户交出去，承办人分配时能否保障推荐人的利益？

（3）一个重要客户意味着一个业务渠道，推荐人与承办人能否持续分享利益，以及按照什么规范分享？

推荐人担心以上三点，但承办人同样有困惑。

（1）在与内部业务推荐人分享收益时，如何区分报告业务机会与线索、转介业务、案件协作时三种不同的利益分享规范？

（2）客户的留存与新业务开发，是承办团队努力的结果，为何还要持续分享二次甚至三次的案源收益？

以上几点已成为非紧密型团队之间合作的主要障碍。其实，推而广之，在所有咨询类行业，估计都有此类问题。最终的结果，就是团队越做越大，客户分享越来越少，很多团队都成了所中所，严重影响了专业化发展，更影响了平台的一体化品牌建设。

根源：隐藏私人信息导致信息不对称

在管理学与经济学里，我们会遇到一些激励的困境，有一个重要概念即信息不对称。

每个用户都存在私有信息，这意味着，在交易中，任何人都不可能充分掌握其他人的所有私人信息。信息分布在众多参与者中，他们倾向于隐藏自己的真实信息，并利用私人信息来达到个人利益最大化。

代理双方、交易双方、契约双方、博弈双方，参与者的信息不对称跟私有信息紧密相关。在业务合作方面，基于交易过程中掌握的信息优势，一旦形成客户委托关系，代理人、合作方就会逐步掌握比推荐人更多的客户谈判及服务细节。而基于这些信息，代理人或合作方就会倾向于不报告这些信息，从而处于博弈过程中的优势地位。常见的情况就是，业务承办人在签订委托协议并获取客户信任之后，倾向于跟推荐人博弈，压低后者的收益或者隐瞒相关的收入。

信息不对称会导致什么？经济学理论告诉我们，会导致两个后果：一个叫道德陷阱，另一个叫逆向选择。

比如，在推荐业务的场景下，什么样的业务最倾向于转介给承办方呢？最有可能是那些钱少事多如同"鸡肋"的低性价比业务。而对于高利润、高收入的业务，承办方一旦凭借个人实力从推荐人处签下客户，则倾向于不乐意分享收入，不再报告服务过程与衍生机会，这是第二种情况，叫逆向选择。

所以，信息不对称往往会产生道德陷阱和逆向选择，这会导致今天行业合作的难题。

当然，探究律师业务合作的难度，还有更多维度，比如客户的隐私安全与商业秘密，导致无法转介相关业务，同时，因为没有一个可以使产权边界确权的机制，导致交易成本过高，且无法建立信任，影响了深入合作。

最终，行业内形成了两种倾向的律所，都有其深刻的合理性。

第一种是根深蒂固的提成制结构，律师业务独立，客户归属清晰，权益分配边界明确，但客户服务的一体化难以建立。

第二种是一体化团队，越来越受到团队的欢迎。在这种律所中，客户归属于团队，收支两条线，以计点制与公司制为特征，问题是产权与分配模糊，论资排辈，吃"大锅饭"问题严重。

探索解决之道：从制度到技术的保障

解决合作的困境，没有什么独家秘籍。合作机制的确立，与律所的发展模式紧密相关，又深深嵌入律所的产权与分配结构，根植于律所的合伙人文化，同时，也受制于工具与技术的实现。解决合作之痛点，需要一套组合拳，以下是我的四点建议。

1. 建立专业化的垂直深度

根据亚当·斯密的理论，没有分工就没有专业化，没有专业化就没有协作。律所要建立以明确专业化为特征的团队文化，为每位专业人士贴好标签，并鼓励以专业化为标签横向打通团队间的协作。

2. 建立保障合作的制度

律所要有一套案件合作的指导机制，明确合作方式、合作分配、质量反馈、财务报表的登记与确权制度，帮助团队内部建立契约文化，从口头上的合作约定显性化为指导性制度规范。公开、透明、公正地建立案源合作机制，减少团队合作的不确定性与交易成本。

3. 建立合作服务互评机制

凡是合作案源，推荐人与承办人之间可以委托律所客户管理部或者自行委托，进行匿名或实名，对客户进行访谈，对诸如专业度、勤勉度、响应度、沟通能力、职业廉洁性等进行打分，做好客户反馈。我发现，国内律所很少有独立的客户反馈系统来帮助律师留存客户，提升客户满意度与续签率的操作规范。

4. 交易与合作需要技术保障落地

随着大数据、区块链、云服务的技术成熟，当前的律所可以采用一套底层经营分析系统（BASS），将合作的过程透明、公开，将劳动成果可视化、显性化，利用计点制、积分制的逻辑，把考核的颗粒度做细。同时，以区块链、

Token、钱包等新交易工具，做好即时、自动的业务结算。当前，瀛和 Kindle Law 系统正在为提成制律所提供这套交易工具，试点效果已经凸显。

当然，在实行一体化的律所机构，由于客户资源归属于律所，客户与渠道、业务与市场产权边界变得模糊，不是案源人与承办人的协作问题，而是全员的考核与激励问题，与本文的命题有所不同，但同样面临如何有效全面激励团队的问题。

管理合伙人为何放不下业务？

这些年来，学习之于我，好像已经与在培训中获得多少方法和技能无关，更多的是为了保持内心的开放程度，愿意为自己不了解的、具有顶尖行业思考力的内容，付出金钱与时间，找到对标的前行者，顺便收获志同道合的同路人。

在此分享哈佛法学院与商学院的双料学者阿诗士·南达（Ashish Nanda）的课程，阿诗士教授专注于专业化背景下的领导力和战略研究。

阿诗士教授案例教学互动性强

这个课程案例是顶尖咨询机构剑桥咨询集团高科技部管理合伙人鲍勃·安德森的故事，叙述他在从洛杉矶起飞到降落的六个小时内，对于战略与运营、职业与生活的思考。

安德森虽然年轻有为，事业蒸蒸日上，但是面临的困境非常明显：合伙人不一条心、中层不得力、市场面临新的竞争对手、基层员工培训不到位、繁重的工作会随时压碎家庭生活与健康。最主要的矛盾就是，在客户开发与市场拓展方面承担大量的管理工作，同时，还要分出时间和精力带团队以胜任工作。而像如此野心勃勃的合伙人又极力高估自己的能力，希望在所有领域展现自己的成功。如此，限于时间与精力，他在业务与管理、个人与生活中，永远找不到平衡点。

　　这何尝不是现有律所，所有具有管理责任的合伙人，所共同面临的困境。之所以是困境而不是问题，是因为后者往往容易找到答案，前者则需要战略取舍。这得到现场所有律所主任或管理合伙人学员之共鸣。

　　阿诗士教授询问，专业服务公司领导，是否能舍弃业务，专事领导工作？阿诗士得出的结论是"NO"，无论是应然的还是实然的，无论是感性的还是理性的。他认为管理合伙人的焦虑有切实的合理性与必然性，这是由专业知识工作者的知识结构、服务特性与职业特质所决定的。

　　专业知识分子具有理解力强、成就型人格、缺乏耐心、注重反馈、缺乏安全感、独立自主、乐于参与的人格特质。难怪复旦知名管理学教授鲍勇剑说，服务管理知识分子，似与猫同行，永远难以待在同一条直线上。

　　阿诗士的结论其实有点令人沮丧，他认为管理合伙人必须既要领导其他专业人员"创造价值"，又要保持与客户和市场的紧密联系，在此找到平衡。管理合伙人无法放弃业务，专事管理。立论基于以下四点：

　　（1）内部可信度。管理者如果没有专业特长与客户贡献，就无法得到其他合伙人的尊重。这就像如果一名法学院院长在专业上没有突出特长，就无法得到他人尊重一样。

　　（2）客户黏性。客户服务有人身依附性特点，管理合伙人导入业务但不去服务客户，不符合客户获取服务的原则。

　　（3）市场敏感性。管理合伙人需要在听得到"炮声"的市场前沿，了解客户需求，才能判断市场发生了什么，以便于正确决策，有效带领团队。

　　（4）职业的初心。管理合伙人加入法律服务行业，是因为热爱，由专业转为管理，是否会违背初心与选择？

　　其实，我不完全同意以上观点，如果律所全体合伙人充分认可律所管理合伙人驱动平台发展的价值，并愿意向管理合伙人提供不低于核心合伙人的报酬，且持续给予对管理价值的尊重，帮助管理合伙人在承担平台发展责任的同时，实现自我价值。在这种有制度利益与文化保障的情境下，未必没有管理合伙人愿意站出来，放弃业务专事管理。至少从平台上合伙人的个性与兴趣来看，未必没有人不愿意对管理倾注全部心血，关键在于值不值，如何平衡短期与长期利益。

阿诗士提出，领导者存在角色与职责的冲突，在业务实践、业务拓展与客户服务层面，如果作为专业服务者，没有团队领导力，以服务客户为导向的组织能力将严重受到影响。而在项目管理、组织领导、辅导培训、组织管理、律所职责方面下足功夫，则会导致在专业服务上的精力付出受限，从而被人质疑"什么是你的贡献"。

那么，如何解决管理合伙人的时间永远不够用、注意力涣散以及挥之不去的对亲近之人的愧疚感？

阿诗士给出了一些解决方案。在公司或律所层面，重新评估管理合伙人的价值，不只看生产力，还要看领导力。当然，领导力是很难测量的，但并不能因为好测量才去考核，而是因为它重要而去考核。同时，对管理合伙人进行管理培训，让其在管理中学习管理，在适当的情况下，说服管理合伙人转岗，并为整个平台的管理成果承担责任。

那么，对于管理合伙人的建议则是：

（1）注意判断两个象限失衡的征兆，如睡眠严重障碍、粗暴打断别人谈话。

（2）让自己慢下来，缓一缓，告诉自己眼前的工作并非你想象得那么重要。

（3）向合伙人展示自己的弱势，寻求他人帮助（ask for help）。当然，你只有在别人需要时帮助别人，才能获得他人的帮助。

（4）个人层面做好优先级工作安排，从短期、中期、长期三个象限的优先级目标，写下工作与个人生活的三个最重要的内容，严格检查与优化，分出轻重缓急。有时，我们因疲于应付一些干扰性的事件，而丧失对优先级事项的判断，从而陷入困境。

长久合作就要舍弃短期主义

上海团队曾做过一个战略级的全国性项目，需要 56 个城市的同人协同，当时这种跨区域的业务我们是第一次遇到，是很大的挑战。幸运的是，我借助自己在行业内的一层人脉或二层人脉，很快帮助他们对接拉群，项目快速推动。

在项目合作过程中，我们让项目主管及时记录好合作方的合作意愿、响应度、专业度、诚信度和勤勉度等详细情况，为今后供应商的建设提供数据打标。我看了一下项目主管的数据分析，发现一些有趣的现象，不同地区的团队对于项目和合作精神，有不同的认知，对于工作任务有不同的应对方式。

总结下来，大部分同行合作精神非常好，有效地推动了项目落地，受到客户的好评，这证明了一件事，全国同人的内部交易市场在一些标准化项目上，是可以形成协同优势，为集团型客户提供跨区域服务的。

但是通过项目试验，我们也发现，同样的项目业务费用，不同团队态度与绩效差异极大。

比如，我们发现一、二线城市的同人比三、四线城市的同人更理解合作的价值，更积极对待客户服务；南方律师的配合度与专业度超过北方律师；女性律师团队比男性律师团队更勤勉；先前有合作先例的团队，对合作项目的支持更加主动；有自己核心团队的同人对待新业务领域，比单打独斗的团队配合度更高……

有些团队的合伙态度让小伙伴们印象深刻，比如广东深圳的孙婧律师团队，不但不计得失地跑到偏远地区尽调，还超出约定的工作量，帮助整理归档，直接提供翔实的尽调文本，节省了后台制作文本的时间。

四川成都的张璐律师团队，不但亲自对接偏远地区的业务，还将律师较少的阿坝州、自贡、遂宁、广安和德阳的团队组织起来，进行第二次协作，帮助业务落地，体现了良好的勤勉、诚信精神。团队直呼，未来一定要跟孙律师与张律师进行项目合作，以补偿他们此次的付出。

在合作过程中，也有个别的同人，以费用问题或者工作冲突等理由，放弃合作，导致项目耽搁，寻找替代团队时间又来不及，令团队备感困扰。这些团队也就成了永远被放弃的合作者，一次爽约，永远出局。

我一直有个观点，对于同行间的合作，一定要倍加珍惜，人家交出来的不只是一个客户那么简单，同时交出的可能是一个可以开发的客户渠道，更重要的是信任传递的价值。所以，珍惜合作渠道，路才能越走越宽。

为什么律师间的合作精神如此重要呢？因为法律服务本身一定是决策复杂型的——客户在选择律师时，因为信息高度不对称，非常依赖强大的信任背书帮助自己做出选择。通过信任建立熟人渠道，通过介绍人的背书建立内部交易市场，非常符合知识服务业"决策复杂"的典型特点。所以，推荐人的信任，堪比客户信任，它就是你业务发展的"命根子"。

这里面的信任，不仅是指对于专业能力的信任，也包含对于人品的信任。所以同人间的大规模合作，需要依赖第三方平台，由多次博弈转为一次博弈，让大家从短期主义转为长期主义，建立明确的数据库，打破信息壁垒，建立游戏规则。

这是一件难度很大，但是又特别有意义的事，需要同行共同努力。

团队内部交易市场建设这件事

话题引子

2022 年 4 月 10 日，中共中央、国务院发布《关于加快建设全国统一大市场的意见》（以下简称《意见》）。

我通读了文件，《意见》主旨在于加快建立全国统一的市场制度规则，打破地方保护和市场分割，打通制约经济循环的关键堵点，促进商品要素资源在更大范围内畅通流动，加快建设高效规范、公平竞争、充分开放的全国统一大市场。

全国统一大市场的目标是打造统一的要素和资源市场，持续推动国内市场高效畅通和规模拓展，加快营造稳定、公平、透明、可预期的营商环境，进一步降低市场交易成本，促进科技创新和产业升级，培育参与国际竞争合作新优势。

治家治企如治国。我认为，国家在推动双循环，打造国内统一交易市场的政策，特别是在新冠疫情背景下，值得律所创始人和合伙人思考，为什么要在律所内部建立有效的内部交易市场？目前建立内部交易市场面临的问题是什么？如何建立有效的内部交易市场？

什么是律所的内部交易市场？

"内部交易市场"在行业内流行，但大家也许都不清楚这一概念的出处，也不知道准确的定义，但是大家望文生义，知道它大概的含义。

记得 2015 年我参加桂客年会做一个关于规模化律所的主题演讲时，提出规模化的一个重要功能，就是为内部交易市场建设提供专业与人才基础。可见，在当时，内部交易市场就被提及。

从字面看，所谓的内部交易市场，可以归为经济学概念，也可以归为营销学概念，"内部"相对于"外部"，"交易"相对于单方业务转介，而市场则意味着人才与业务的双项并多项的充分流动。

从律师行业角度看，相较于公司制，在传统律师的合伙人体制中，各个合伙人团队是一个相对独立的作业单元，也是独立的财务结算单元，因此，将合伙人跨团队、跨区域之间的智力协作、业务互通、市场共建、客户共享，视为内部交易市场建设。

道理其实很通俗，通过构建内部交易市场，使大家的业务协作力增强，团队专业得以放大，服务收入会得到提升，并且能有效地提升平台的黏性，同时，也可以改善客户体验度，提升外部竞争力。

为什么大部分律所内部交易市场不理想？

理想丰满，现实骨感。很多律所在建立内部交易市场方面并不理想，究其原因，以下五点显而易见。

1. 律师服务的特性

律师作为知识型行业，理论上每一个拿到律师执业证的律师，都具有独立执业的资质，不考虑业务能力与专业深度，可以独立服务于任何客户而不受限制。在英美法系，还有出庭律师与事务律师的区分。

在我国大陆地区拥有正式执照的职业律师，其独立开展业务的方向与区域是不受限制的。而且，独立执业律师是被定义为自由特性的知识分子，除了行业监管合规性要求外，没有人可以约束律师是单干还是团队协作，是专业化还是"万金油"，是每天都上班打卡还是"三年不开张"。

2. 业务供给量不足的问题

在任何行业所通行的二八定律，同样适用于律师行业，不消说大部分律师的业务量不饱和，即使业务量饱和的律师，也面临高客单价与高质量客户匮乏的挑战。个体合伙人业务量不饱和，就不会有业务溢出效应，就难以要求其分享业务给外部。当然，也有些合伙人，无论业务量是否饱和，都要坚定走专业化细分路线，会有业务量外溢的客观现实。

3. 律所内部专业化分工不够问题

专业化分工的道理，自亚当·斯密《国富论》的观点通行 250 年以来，已成为公理，无须讨论。分工能让人更好地专注，而专注则能提高效益。"只要采用了分工，在任何一门手艺里分工都会给劳动生产力带来成比例的增长。"但是，大部分律师的业务仍然以客户个性需求为导向，而不是围绕业务擅长为中心展开。

若想求证，你可以问一问行业发展最好的北京律师，60% 以上的律师都泛泛地讲自己从事的是民商事业务，以求取更大范围的服务领域。这种专业分工不细的情况，就无法在团队内形成互补，既然大家在各个业务领域的专业度都差不多，当然就更倾向于自己服务客户。

4. 内部协作的信任问题

我曾经在一篇文章里讲过，为什么律师间的信任机制如此重要呢？因为法律服务本身一定是决策复杂型的——客户在选择律师时，因为信息高度不对称，非常依赖强大的信任背书帮助自己做出选择。

通过信任建立熟人渠道，通过介绍人的背书建立内部交易市场，非常符合知识服务业"决策复杂"的典型特点。所以，推荐人的信任，堪比客户信任，它就是律师业务发展的"命根子"。

内部业务转介的一个重要前提，就是我得相信，客户转交给同事，同事会像对待自己的客户一样，勤勉尽责。这里包含综合性的信任指标，包括合作意愿、响应度、专业度、诚信度和勤勉度等。

5. 分配与客户归属等问题

在服务即营销的时代，一个客户即意味着复购率与转介的机会。所以，我给年轻律师讲过，要无比珍视同事给你推荐的客户，人家让渡的不只是一个客户，可能是一个持续的业务渠道。

能否在转介业务中持续分享利益，是一个长期的博弈过程。因为服务即所得的私人信息，推荐业务人往往在合作过程中，利益分享无法得到保障。

这里面的双方，包括代理双方、交易双方、契约双方、博弈双方，参与者的信息不对称与私有信息紧密相关。在业务合作方面，基于交易过程中掌握的信息优势，一旦形成客户委托关系，代理人、合作方就会逐步掌握比推荐人更多的客户谈判及服务细节。而基于这些信息，代理人或合作方就会倾向于不报告这些信息，从而处于博弈过程中的优势地位。

常见的情况就是，业务承办人在签订委托协议获取客户信任之后，倾向于跟推荐人博弈，压低后者的收益或者隐瞒相关的收入。在与内部业务推荐人分享收益时，如何区分报告业务机会与线索、转介业务、案件协作三种不同的利益分享规范？

当然，受推荐人也面临困惑，客户留存与新业务拓展是承办团队努力的结果，为何还要持续分享二次甚至三次的案源收益？这些难题都需要解决。

除了以上五个方面，合伙人业务指标问题、律所的合作氛围与文化、制度管理等，都直接影响着团队协作的问题。内部交易市场需要核心合伙人带头去做。

为什么一定要突破内部交易市场建设的障碍？

跨专业、跨团队协作的重要性毋庸讳言，而在新的行业环境、新的业务竞争条件下，在律所新战略情境下，突破障碍有了新的机遇。

1. 客户服务需求的倒逼

优质客户对于服务供给商的要求越来越高，他们期待律所团队是一站式的、紧密的，内部是有效协同的，并且需要平台口碑、案例与客户经验的背书。客户的问题越来越复杂，跨专业、跨地域，他们需要一体化团队。

所以，未来优秀的律所需在遇到重大复杂疑难业务时，集合平台的外部同行力量，在客户同意的情况下，一站式解决客户的问题。

2. 人才竞争的需要

卓越平台的运营者，一直在致力于开发优质服务，通过营造专业协作的氛围，提升律所的竞争力，增强解决客户复杂问题的能力。

从律所内部讲，如果一个律师的业务有 1/3 左右是基于同事的合作与推荐，其在一家律所的黏性就会极大增强，律所人才的流失率就会降低。而且，基于内部协同的氛围，还能吸引律所紧缺人才的加入，为优秀人才加入提供有效的业务支持。选、用、育、留，各个层面都要做好，但真正要留得住人，没有什么比案源上的相互供给更有成效。

3. 律所发展战略与目标所需

目前有发展战略的律所，普遍将人才规模、行业口碑、客户占有率、网络布局、数字化、知识管理等作为律所的基础战略。这些战略的基本保障，来自组织战略的成功，团队一体化是核心保障。随着云计算、自动化、智能商业分析、人工智能、区块链、5G、元宇宙等基础 SaaS 的成熟，知识经济、智力经济的交易成本为零，合作成本也趋近于零。

如何建设有效的内部交易市场？

我曾经在以下四篇文章中，对于如何建设内部交易市场，有部分思考。它们是《行业观察：律师跨团队协作难题有解吗？》《思维笔迹 05| 九大原则突破合作的樊篱》《长久合作就要舍弃短期主义》《三点思考：一次博弈、大喜

过望与积极达成》。

我着重从合作原则与合作机制两个方面，将上述文章的重点摘录于此，以供参酌。

首先，要在团队确立内部协作的基本原则，我曾提出了如下九大原则，粗浅地解决跨团队合作遇到的问题，得到大家认同：

（1）客户服务至上原则。

本所律师间内部合作，对外是一个整体，应对客户委托事项负责。外部客户体验与服务质量高于一切，律所整体声誉优先于个人或团队声誉。

（2）尊重市场渠道原则。

倡导内部交易市场建设。内部推荐客户，意味着信任的转托付和客户渠道的让渡。律师要深刻认识到案件与商机推荐人的意义，尊重内部渠道的价值。在业务合作中保有信息的最高透明度，保持业务合作的诚信谦卑和服务客户的谨慎勤勉。

（3）充分发挥最大协同优势原则。

律所是一个专业团队组成的平台，以专业细分、团队协同为目标。因此，要以充分发挥团队作业的竞争优势、为客户解决复杂问题为旨归。鼓励大家将不擅长的业务分享给专业律师，形成良好的合作氛围。

（4）成本扣除、利润分享原则。

在开发市场的过程中，若有合法关联的市场推广与开发成本，案源方要提前向合作各方予以披露，合作各方要提前沟通达成一致；合作各方的收入分配比例要预先通过 IT 系统或书面确认，不晚于法律服务协议签订或者开票前，同时在财务部签订确认单据。

（5）信息公开透明原则。

案源方与承办方通过邮件、微信群、Kindle Law 系统或者当面沟通，及时、透明地将服务过程予以公开。客户对于案件信息有保密要求的除外。

（6）客户共有原则。

除律所公共客户外，除非一方明确表达放弃客户的收益归属权，否则客户归属由案源方与承办方共有，根据各自专业、资源与时间，共同维护、共同服务。

（7）招投标资源共有原则。

鼓励律师提供信息与资源，为律所入库提供支持。鉴于律所入库重点客户，仅仅解决业务潜在入口问题，因此，律所拥有入库与招投标资源的最终调配权。入标资源的维护、对接、分享业务按照"谁投入，谁受益"的原则，在业务团队中分享。帮助律所的团队或个人，优先承办相应业务。但任何人不得独占集团型客户入库后的客户资源，入库的用户名、密码须上报至律所风控部留存。

（8）客户服务质量与风控原则。

承办业务的律师要保证业务服务的质量，接受律所风控与执业纪律部门及案源方的监督。若出现客户投诉，尽最大诚意配合律所做好善后工作。若工作中出现严重失职情况，律所有权根据业务具体情况、客户需求，对律所指派的服务律师进行调换。

（9）合作纠纷处理原则。

首先，合作各方对服务客户过程中产生的纠纷与问题，应秉持最大善意与诚信原则，充分沟通、消除分歧，也可以聘请律所风控与执业纪律委员会进行调解或仲裁。若在合作过程中，有违背行业规范与职业道德，违反律所管理规范的行为，律所可以采取内部通报、公开谴责等形式，做出相应处理。

其次，要解决合作的困境，没有什么独家秘籍，合作机制的确立，与律所的发展模式紧密相关，又深深嵌入律所的产权与分配结构，根植于律所的合伙人文化，同时，也受制于工具与技术的实现。解决合作之痛点，需要一套组合拳，具体落实建议参照本书《如何破解律师跨团队协作难题？》一篇中"探索解决之道：从制度到技术的保障"部分的内容。

总之，合作要长远，必须打破信息不对称、信任不传递的障碍，培育律所良好的合作文化氛围，表彰合作者，监督惩戒破坏合作者，最终实现团队合作的最优解。

青年律师的合伙人之路：跟对人做对事

我对合伙人的定义，是集投资权、身份权、荣誉权、收益权与决策权于一身的律所律师。合伙人当然不是指仅获得尊重的名誉合伙人，而是可以得到第二次分配或最终分配权的股权合伙人，或者在一体化的团队内部获得以上权利束的合伙人。

相信选择了律师行业，大部分年轻律师心中都会有一个标杆：要成为律所师父或者律所前辈一样的人，希望过不了多久，自己也能拥有令人尊敬的合伙人身份。

然而，无论是成为律所层面上的合伙人，还是团队内部的合伙人，大部分年轻人在晋升的路上都需要认识到一些挑战与障碍。

挑战一：对合伙人身份缺少系统性认识与规划

"律师"和"合伙人"，在产权结构、思维方式、资源要求、管理分解、绩效指标上可谓完全是两种性质的存在。

1. 产权结构

选择了合伙人身份，就意味着从雇佣关系到合伙关系的"惊险一跳"。合伙人身份赋予的是"老板"的身份，代表在产权关系上成为律所的投资合伙人。因此，由产权关系这一顶层所有权就衍生出了其他权益，最重要的是律所收益的分配权。

2.思维方式

普通律师全部的工作时间，都用在思考如何做好合伙人交代的专业事项，以及如何服务好自己的客户上。但是作为合伙人，则要具备运营者的思维、律所发展战略规划思维，还有前台、中台、后台的中观、微观思维。因为律所发展的当下与未来，与合伙人的切身利益及自身成长都是密切相连的。

3.资源要求

合伙人意味着拥有一部分独立开发或深入转化客户的能力，拥有社会资源网络的编织能力，高级合伙人还要有业务研发、学术研究、公共关系、销售漏斗的核心能力。因为，平台其他合伙人向新晋合伙人分配剩余权益的前提，就是新合伙人拥有创造新价值、创造新财富的能力，形成帕累托最优。

4.管理分解

合伙人无疑是要参与律所公共事务的，而且必须具备运营、决策的基本能力，要熟悉行业发展的环境，从而协助其他合伙人推动律所的公共事务。在合伙人参与公共事务前，还需要考核其是否拥有与核心合伙人相同的价值观、理念与识人论事的趋同性。

5.绩效指标

创收无疑是对于合伙人而言最外化的考核指标，虽然相对于合伙理念而言，它的排序也许并不高，但在合伙人内心里，对创收能力的指标要求是不可或缺的。这无疑是对新合伙人的挑战，从为自己赚钱到为全部合伙人赚钱，还要尽量避免因为自己而拉低了创收平均线。

如果没有考虑好以上要素，就匆匆成为合伙人，合伙人之路对个人及他人来说也许就是一场不确定的冒险。

挑战二：不具备成为合伙人的相应能力结构

除了专业以外，我们的法学院较少注重培养律师的综合能力与素养，如营销获客、谈判沟通、品牌塑造、团队管理、产品研发等，到了律所工作，所在平台与团队也很少能有针对性地对律师进行合伙人的管理培训。

事实上，中国律师行业发展的现状，无论是理论上还是实践上，都没有形成有效的合伙人培训体系与实践系统。与中国律所管理的相对粗放与松散相比，欧美发达国家的大型优秀律所，不但形成了职业经理人、管理合伙人的培养机制，形成了专业化、职业化、全职化的运营职位，还形成了科学的决策与管理机制。

作为一名合伙人，在市场能力、专业能力、运营能力、创新能力四个方面，都需要有相应的素养基础，因为律所或团队未来的竞争，一定是整合能力的综合比拼，是不断补齐短板、优化长板的过程。比如创新能力，尤其凸显在开拓新业务领域方面，一个合伙人既要具备市场调研能力，又要具备设计差异化法律服务产品的文化功力。

同时，要能够搭建专业团队实现从零到一的突破，还要在业务推广上做到系统化与体系化，最终，完成流程化、标准化、市场化、团队化与规模化，从而超越竞争对手，获得市场占有率。

另外，由于众所周知的原因，在顶尖律所或者好的律师平台，由薪资团队直接晋升成为合伙人的通道相对狭窄、名额受限，大多高年级的律师，都将面临转型的压力。因此，大部分有志向的青年律师，最终往往只能选择授薪（二级）合伙人的岗位，直到其黄金职业年龄优势慢慢削减，或者转型去甲方做法务经理，或者在创业的诱惑下选择了彻底转行。

如何成为一名优秀的合伙人？

根据我对身边优秀合伙人的观察，对青年律师提出以下建议：

首先，青年律师要不断完善自己的能力结构，提升素养。未来十年青年律师需要进行七项修炼，以此提前让自己与众不同，脱颖而出：

（1）从"T"字形向"井"字形律师转换，以应对市场从专业律师到产业律师的需求转换。

（2）参与团队的前台、中台、后台的建设，率先打造可规模化推广的产品。

（3）打造个人 IP，挖掘私域与平台流量，打破执业的非对称性风险。

（4）加入优秀团队而不一定是优秀律所，打造有攻击性的巡洋舰团队。

（5）完成数字化：四个在线推动业务，因为未来九成的客户是数字化客户。

（6）要关注平台运营对于自己的流量导入，注重市场能力建设。

（7）增强业务交易流量，交叉销售，注重内部交易市场建设。

其次，青年律师要成为合伙人需要提前做好哪些准备？我觉得回答这个问题适合顺着以下思路逼问：

我是谁？

我拥有什么？

我的动力是什么？

谁可以帮到我？

我能持续付出的是什么？

我能舍弃什么？

以上问题若有答案，请在内心叩问自己，这是真的吗？

13 年前，当我还是一个 30 岁出头的青年时，北京总部的合伙人问我，你愿意跟我签一个合伙人责任协议吗？如果敢签，我就请你做上海的执行合伙人。我清晰地记得，责任协议里有一条，如果运营产生亏损，我作为乙方要承担 15% 的亏损责任。

当年的北京总部在上海办公室一经筹建就拿下 4300 平方米的写字楼，一次性投入 1000 万元资金，决定签字时我的手都在哆嗦，因为这一签我可就没了退路，大家只能绑在一块儿干了。但是，在那个时候我明白了一个道理，若决定成为合伙人，就要敢于付出、敢于担责，如果没有这个勇气，那就是借合伙人之名做事而已。

所以，做一名承担连带责任的合伙人，首先要问自己有无付出的意愿，有无可投入的资源或智慧，哪些合伙人可成依靠，并肩同行。

一定要在还年轻的时候，抓住机遇，练就自己成事的本领。回看那些大学或研究生一毕业就跟着我合伙干的年轻人，如张浩、孔晓青，现在都已经成为律所的中流砥柱，无论是在专业领域，还是带领团队创业，都表现得比一般年轻人更拔尖儿。

年轻人成长为合伙人，其实没有更多秘籍，就是跟对人做对事，要永远和比自己年长、有资历的人一起干，永远跟信任年轻人、赋能年轻人的平台一起成长。最终，从听话、照做与跟随，到创新、突破与坚持。

从赋能到合能

近些年，比较流行"赋能"一词，刚开始对这个词有天然的亲切感，你对别人有帮助，能给别人力量感。特别是在组织建设中，赋能这个词常被滥用，我们得警惕它的"侵略性"。

赋能有一个施动的动作，还有一个受动的主体。意味着一个组织体或者个体，对另一个团队或个人单方面施加影响或者能量，从而帮助其做大做强。如阳光雨露般，照耀恩泽他人的成长，有点"致命的自负"的味道。

所以，我认为赋能是一个单向的传统管理学概念，你是谁、你拥有什么资源、你的动机与动力源是什么、你可以通过什么方法与路径帮到他人、赋能他人你所依赖的力量是什么，等等，都是组织思考的命题。

在中国第五届律师论坛会议上，上海某律所一位主任提出"合能"的概念，得到了不少嘉宾的认同。他认为律所组织，就是将大家的能量聚集起来，凝聚共识，制定规范，塑造文化，形成内部交易市场的过程，与其说是赋能，不如说是"合能"的过程。

当我把这个概念讲给得到的张慧老师听时，她说，这个概念可以更精确表达，如"聚能""引能""助能"，等等。虽然，我尚未确定哪个可以更准确，但是我觉得一定有比赋能更有意义，更符合时代特征的词语可以提炼出来。

陈春花的一篇文章中说这是一个价值共生的年代，我们要寻求的，就是怎么去找到跟别人价值共生的方法，如果你找到了，那么无论从商业逻辑上，还是从组织逻辑、人的逻辑上，大家都愿意一起把事情做成。

为什么价值共生的时代到来了呢？

第一，组织的成功已经不是单一要素的成功，而且人的因素仍然是最核心的成功要素。

原来律所发展，靠单一规模或者靠业务垄断性，就可以做成行业翘楚。现在人才、客户、口碑、财务、网络、组织与技术等，各方面要素都要叠加在一起，才能超越别人，而且还要有更创新的手段，才能完成超越。而大家会发现，优秀人才的吸引越来越难了，一位优秀人才加入组织，不但要靠梦想与激情，还要押上整个生态与价值观去共创。

第二，个人拥有比组织还充分的信息与工具。

以前组织拥有比个体更充分的信息，从而比个体有更多的决策力与整合力。现在不一样了，U盘化生存时代，个人信息量与私域流量加大，且个体的智识迁移能力更强了，不依赖于任何平台组织，都可能进行再生产。更可怕的是一个人在网络时代的组织能力，也是空前的，看看B站的罗翔老师，坐拥千万粉丝，可以自成一家"法学院"或者培训机构。

第三，数字化时代充盈着产业互联网的深耕者。

以前科层制或工业化分工，很多人无法在一个细分领域或产业做得太深，或者做得太深就没有"破圈"的市场。现在不一样了，细分市场足够大，每个人只做一块儿，就是无限链接的可能性。新闻中说做气泡水的元气森林饮料公司，五年已经做到了估值300亿元。所以，在中国只要坚守一个有前景的细分领域，都是无限机会。让大家都在平台上找到创业的机会，才能留住和激发优秀人才，要不一块儿干，要不各干各的。

因此，大家现在对合伙人的吸引，已经从赋能向生态共生转化，从比拼"高富帅""白富美"向价值观的共识认同转变。

下篇

运营的逻辑

一、组织文化与品牌

如何打造最幸福的组织文化？

这些年，作为行业观察者，走访学习过国内上百家律所，注重研究律所发展战略，更注重研究组织建设。我体悟到律所的战略好定，组织好搭，真正难的是组织文化建设，真没有什么捷径可走，因为文化如空气无处不在，却又难以塑造。

今天我们一起走进一家以"幸福驱动"为使命的律所，看看他们的故事。

上海市浦东新区有一家律所叫申同，我关注了好几年，与创始人杨林兵及他的合伙人刘怡也是线上好友。最早注意到的是其合伙人的团建，前几年他们团队携家眷驾车几千里互访家乡，且隆重接待外地来访的律师家属。

该所的口号也很吸引我：打造最幸福的律师事务所！我很喜欢"幸福"这个词，我还与团队在四年前打造了一个法律产品，叫幸福股权，做过一段时间幸福私董会。我曾经发愿，一年要走访50家位于各城市的律所，申同是我最想参访的律所之一，可能是他们朋友圈里溢出屏幕的幸福感在召唤。

于是，一天下午，我与杨主任约了一个小时的私人访问。结果，令我感动的是，杨主任拉上十余位合伙人与律师，穿着商务装，用心设定了交流内容，原定一个小时的交流，延长到了两个小时。

从品牌定位理论看，申同解决了部分差异化与独特性的问题，即与其卓越，不如与众不同，大体就是这个意思。国内大部分律所理念，无非在"诚信""专业"等职业特性上提炼关键词，听起来有点千所一面，创意匮乏，言之无物。

杨主任将幸福感拆解成四个关键词：健康、富足、自由和体面。在他看来，所有的文化制度都是为了给人性寻找一个出口通道。说实话，这些东西挺对我的胃口，人过四十，我既重实务落地，又多了形而上的哲学思考。

杨主任口头上就四个关键词为我做了阐释，健康是发展的前提，比如打造无烟律所，烟民不收。几年前，杨主任还与仅存的吸烟合伙人达成君子协定，只要戒烟就奖励 5000 元，后来提高到 10000 元。

确实，我在申同办公室里看到了他们的健身房，团队每个人都热爱运动，保持身材，注重仪表，办公室朴素而净亮。

而富足，被阐述为知足的富裕，能养家、能保障家人中等以上的生活水准。作为曾经沪漂的青年律师，杨主任先后在上海几家律所工作，但都因律所文化不太符合他的期待而离开。他认为，律所不应该只是一个执业的平台，还要提供温情、温暖，慰藉人的漂泊与孤独感。

所以，他要办一家律所，不是为了赚钱，而是选择跟喜欢的人在一起，结果却意外收获了更多的财富。共同富裕也许是他们创始人的共同理念，这体现在合伙人帮助年轻人购房安家，降低合伙人提成比例，反哺年轻律师，等等。

而对自由的理解，可能就比较有弹性，内涵太丰富。但跟杨律师的交流中，我能从三个方面理解他们所说的"自由"，一是尊重人性自由第一性原理，也是基于对行业发展分配模式的现实认识，申同选择的是合伙人模式，而不是新近流行的一体化、公司制。二是只有通过市场化路线打造律所，才能逐步实现自由。三是在行业发展的新监管环境下，律师职业的自由度也将受到社会责任与行业担当的双重考量，但是与其他传统职业相比，这种知识型服务业的自由支配度，能给从业者身心灵滋养。

而对于体面，杨主任认为需要大家维护职业的尊荣，比如行业不能过于逐利，同行互相尊重，通过幸福文化构建驱动影响行业生态。一家有社会担当的律所，应该考虑因为我们的存在，是不是可以让这个社会变得更好，能不能为社会留下什么。

因此，他们主张律师是社会关系的修复者，"对正义充满感情，对社会饱含温情"。首先要做最好的自己，一起建设一个有理想、有力量、有担当、有情怀、有品质的平台。然后再向社会输出强大的职场文化，与客户价值共生；大家在一起，才会了不起。据说，很多客户选择申同的服务，也是被有情有义的律所文化所感染。

文化反哺律所的业务发展，申同律所成立六年来，有近90名卓富经验的新生代律师，拥有公司与并购、刑事辩护、房地产与建筑工程、婚姻家事与财富传承、诉讼与仲裁、银行与金融、医疗健康与医药、涉军法律服务等十三大专业部门，创收也是快速增长，破亿指日可待。

令人钦佩的是，他们不但提炼出自己的文化主张，还通过天才的想象力，将其落实到可塑性的行为、习惯、制度乃至场域，用实际动作固化、强化理想，用实力将情怀实际落地。看看他们团队建设的这些概念（如图1所示），不用具体阐释，就感觉很生动，令人浮想出热气腾腾的画面感。

1. 文化蔷薇	11. 亲人来访	21. 女是我的王	31. 直播申同
2. 全民皆兵	12. 家乡互访	22. 爱她就礼她	32. 申同说
3. 导师制	13. 时间胶囊	23. 天下无烟	33. 申同合伙人日
4. "黑"帮盛行	14. 每日读书打卡	24. 健康监督员	34. 班级小组制
5. 民主公投	15. 每月读书沙龙	25. 你肥我罚	……
6. 听天由命	16. 季度阅读之星	26. 带你看世界	
7. 辞职光荣	17. 生日狂欢	27. 七夕跳水节	
8. 一生一号	18. 朗读者	28. 律师安家计划	
9. 新人新梦	19. 一起听你的故事	29. 申同"零钱箱"	
10. 首单分享	20. 说出他的好	30. 助学基金、希望小学	

图 1　幸福文化落地措施

在与申同律所的交流中，我表达了深度认同。这种"文化驱动专业、专业反哺文化"的独特模式，帮助青年律师管理好健康、管理好情绪、管理好幸福、管理好理想、管理好品格。

这与我在北京主张的"三生有幸遇见你"有些许暗合之外，我也主张生意、生活、生命要均衡发展，即生意有价值有意义，生活快乐且幸福，生命要健康阳光。

临行，我送给申同同人一句话，总结他们的文化主张：用向善的品格，推动向上的力量。这句话已在其公众号与合伙人朋友圈里引用流传，算我送给申同的一份薄礼吧！

幸福是一个好词，它是价值感＋快乐、利他＋向上的应有之义。

祝福申同，在幸福驱动的文化建设道路上，携手更多的优秀同行者，打造美好的行业生态，重塑职业命运共同体！

关于律所打造品牌，我们提炼了 100 个点

品牌是一个行业、一家律所、一个机构的品质、形象、文化、内涵、个性的集中体现，承载的是公众对律所的信任，彰显的是独特性与差异化。品牌建设就是把律所的独特价值主张传递给客户，建立客户信任，影响市场决策。

我国律师行业作为智力密集型的专业服务业，经过 40 多年的发展，从无到有，从小到大，从弱到强，取得巨大成就。在高质量发展、高品质规模化的背景下，品牌建设既是提升律师事务所软实力的突破口，也是中国律所打造国际知名法律服务品牌的突破口。要从法律服务行业特征定位律所的品牌价值、战略选择与塑造路径。

表 1 至表 7 是我们提炼的品牌建设的 100 个点。

当谈律所品牌时，我们在谈什么？

表 1　品牌的基础和要素

项目	关键词	内容描述	案例或备注
1	定义	品牌是针对客户、案源推介、招募律师、附属专业人员及关系律所将自己与其他竞争者区分开来的方式。	
2	观点	1. 品牌是一家律所的最重要资产之一； 2. 品牌是一套立体性、体系性的要素传播安排； 3. 律所品牌就是市场，品牌让营销变得多余。	

项目	关键词	内容描述	案例或备注
3	战略	品牌服务于未来五年律所整体战略。规模化、产品化、科技化、一体化、国际化。	品牌也是战略本身。
4	功能	1. 吸引人才的重要砝码；2. 吸引客户；3. 同行竞争砝码；4. 高收费、高品质；5. 推动律所的一体化。	
5	表里	可识别性＋行业内外口碑。	知名度＋美誉度。
6	主张	1. 一切的物质与精神载体都是品牌； 2. 两个凡是：凡是对客户好的都要去做；凡是对律师与律所发展好的都要去做。	
7	要素	1. 规模、团队与网络； 2. 律所的大咖律师； 3. 专业与案例； 4. 特殊资质与荣誉； 5. 其他。	定位＋信任状＋要素。
8	地位	品牌工作应提升到律所战略高度，思想上高度重视，长期投入人力、物力。特别是在初创期，品牌先行。	
9	方向	品牌要紧密围绕律所的愿景、使命、理念、战略、目标、价值观、客户定位与发展路径等开展工作，保证品牌工作不偏离核心价值观，通过品牌工作，对内塑造凝聚力，对外传播影响力。	
10	人才服务目标	以客户之心对待律所人才，人是最重要的资产。一切围绕人才，人才的引进与建设（人资的六大模块）。及时庆祝每一位人才的成长与成就。	满足七宗罪与贪、嗔、痴，人才如过江之鲫。
11	关系	处理好律师与律所平台的品牌相互传导问题。	
12	定位	围绕律所定位，做好三件事：战略描述＋背书安排＋对标。	激发人向上的动力。
13	四层境界	1. 有口碑、无形象、无传播——小区域品牌； 2. 有形象、有传播、无口碑——有限品牌； 3. 有口碑、无形象、有传播——中等品牌； 4. 有口碑、有形象、有传播——核心竞争力。	
14	一体化	凡是能推动律所一体化建设的，都要支持，合众为一。以假为真，相信才能看见，相信相信的力量。	

续表

项目	关键词	内容描述	案例或备注
15	品牌困境	其一，路径困境。专业律师专业单一，精力有限，工具有限。其二，制度困境。广告法与律师法的规制更严格。	
16	品牌管理	品牌应该成为"一把手"工程，由主任或执行主任带领团队一起抓。品牌运营团队要受到足够的尊重，有权参与律所管理团队的年终分红。	品牌人才素养：管理能力；战略思维；创新能力；亲和力；沟通力；执行力；作风优良。
17	品牌符号化	这是品牌的最高目标，就像海底捞成为四川火锅的代名词，"四大"成为顶尖会计所的代名词，"天同"成为北京高端诉讼的代名词一样。	自问你的律所品牌将成为什么领域的代名词。

媒介与方法论清单

表 2　载体与媒介

项目	关键词	内容描述	案例或备注
18	载体	传统媒体+公众号+网站+自媒体+抖音+直播……	
19	传统媒体	法治类媒体：《法治日报》《法制晚报》《上海法治报》《检察日报》《方圆律政》、中央电视台《律师来了》……	与媒体记者有一个圈子，建立意见领袖的声望。
20	网站	是宣传矩阵的核心。 设计原则： 1.视觉上赏心悦目，体现定位品质； 2.挖掘品牌诉求、业务定位、实力规模、服务优势； 3.内容展示全面：研究成果、白皮书、新业绩发布、新闻资讯、热点事件等与律所关联性强的素材； 4.体现经营理念、经营风格。	

续表

项目	关键词	内容描述	案例或备注
21	公众号内容	最受欢迎的公众号文章。 1.法律热点类文章 ①讲清楚事件的来龙去脉，且材料翔实； ②分析清楚各方的责任认定或事件影响； ③法律法规深度解析。 2.律师行业观察类文章 用数据图表或深度分析展现行业现状，提出具有指导意义的趋势解读。 3.律师实务技能类文章 ①对某一实务领域的操作技巧总结，具有高度可变现性； ②对某一实务领域的指南类总结，即使短时间内无法全部变现，但能长期指导从事这一领域的受众； ③提升律师工作效率的文章； ④律师职业发展的经验分享。 4.律师生活感悟文章 ①律师执业感悟，具有共性的成长经历分享； ②律师的情怀和生活，包括衣、食、住、行。	
22	朋友圈	鼓励律师发布与转发跟律所专业能力及形象相匹配的文章。添加标签，定向推送信息。	品牌是每个人的工作。
23	宣传册	下功夫做好高雅的基础版封面＋律师案例＋团队活页。	
24	公众号写作	1.有关、有用、有趣、有料； 2.标题决定流量，引言决定阅读，细节决定优劣，结构成就故事，视觉决定格调，结尾决定转发，热度决定收获。（林戈）	
25	出版	鼓励律师写作，出书是最好的宣传。制订激励计划。要点：写出高质量的书；选择大牌出版社；将出书作为公关事件来宣传推广。	
26	学术	塑造"学术产品化、产品学术化"氛围。	
27	网络推广	竞价、SEO、网络平台推广、百度文库、今日头条、公众号内贴广告，智合等自媒体。	近来律师个体的推广效果不好，以平台推广更好。

表3　渠道

项目	关键词	内容描述	案例或备注
28	支点1	政府：信息与资源，政策与支持。	
29	支点2	高校：学术的制高点。让律所品牌深入高校法学学子的心中（坚持校招、坚持授课、坚持助学合作）。吸引高校教授兼职。不间断地吸引当地高校实习生。	
30	支点3	媒体：第四权力的使用。建立广泛的媒体朋友圈。	
31	支点4	商协会：渠道为王。	
32	支点5	行业：在行业内做出口碑就是营销。	
33	支点6	党建：当前形势下提升到律所战略。	
34	支点7	客户：标杆客户带动的是行业与专业的拓展。	
次级品牌杠杆使用除以上7个支点外，还包括行业合作方、事件、分销渠道、评级、人脉等第三方的"抱大腿"行为与方法。			
35	党建	在当前形势下，做好党建有前所未有的战略意义。	以党建推所建，对标优秀党建所，真信真学。
36	主管部门	与当地宣传部、司法局、律协等部门建立信息沟通机制，定时汇总材料。	
37	自媒体	行业内知名自媒体多合作：桂客留言、智合、律新社、法律先生。	加强流量合作。

表4　方法论

项目	关键词	内容描述	案例或备注
38	城市	突出在同城同区域律师业的差异化竞争之处。	研究当地同行。
39	网络	突出机构中的优势与友善，多宣传跨所之间的交流与合作。	如品牌所。
40	评奖	1.钱伯斯、ALB、"The Lawyer"要坚持争取； 2.司法部、全国律协及各地律协的评优要积极参与； 3.鼓励律师广泛参与，律所要有预算支持。	

项目	关键词	内容描述	案例或备注
41	舆情监控	利用大数据与检索工具，注意网络、自媒体或者来自同行的负面评价、投诉，及时沟通处理，消除影响。	
42	市场	市场本土化，服务全球化。	
43	管理专职化	品牌要有适当比例关注管理创新，也为律所的运营人员在律所的发展铺设上升之阶。	智合专文介绍瀛东的管理。
44	素材积累	要有专门的档案管理系统、存储空间，为品牌历史资源的调取提供物质基础，文字、影像要双重备份，品牌人员离职与入职做好清单交接。	
45	案例论证会	有社会影响力的案例，可以聘请知名学者、实务大咖、媒体、承办律师，召开论证会，发布成果。	
46	业务研讨会	开发潜在客户；维护老客户；实现品牌识别与美誉度；培养内部团队；积累知识成果。	成功要点：抓好热点；客户感兴趣；精心策划；重量级嘉宾；宣传策略造势。
47	开放日	引入社群建设思维，吸引相关利益主体到律所参访，如邀请酒协举办鉴赏会，邀请高校学生、国外参访团来访。	
48	业务研究报告	1.开展客户培训，为客户提供有价值的信息思路与方法； 2.结合趋势与客户需求选择标题与内容； 3.以数据为支撑，令人信服； 4.扩大传播途径，立体化地宣传研究成果。	
49	访问	利用团队访问，增加行业链接，增强与客户沟通的能力。	
50	来访	有朋自远方来，不亦乐乎，把每一次相见看成一次律所外交。留影，留人，留心。	

项目	关键词	内容描述	案例或备注
51	对外公布文件	中英文版本，公众号也应该多发一些各国语言的原创文章。	
52	品牌素材管理	建档建制度。积累瀛和的图片库以及高质量的PPT模板、视频、MOT（重要时刻）大事记。	
53	客户关系管理CRM	将客户重要程度分级，并进行分级维护，借助OA管理工具。	
54	客户触达点	购买行为超出了4P理论：产品、价格、分销、促销，全方位营销，要建立保证毫无遗漏又重点突出地触达客户的MEDIE（立体触点媒介）系统。	
55	赞助	品牌植入能多做就多做，通路太少，露出机会就少：高校奖学金、行业活动、场地赞助、人员赞助。	考察的点：物有所值，与发展现状相匹配。
56	背书	政治人物的视察、将知名法学家聘为顾问、卓越客户的代言，这些都可以创建品牌资产，但要注意匹配问题，同时评估背书人的个人声誉与风险。	
57	客户展示	品牌可以反转，向客户学习，增加客户在媒介上的无功利式的展示。帮助客户成功。	
58	差异化	市场细分、独到之处、专业突出、已有业绩、反响激励。	
59	供应商管理	律所合作的饭店、餐饮、健身、印刷等常规采购，建立好性价比较高的合作关系，为员工与客户提供高品质服务。	

所有的事都是一件事，所有的路都是一个终点。

为了实现它，我们使用多元化的媒介，竭尽所能地触达受众，将一切可以利用的工具为我所用。

从心出发，与人为伍，以人为本

表5 拓展性支持

项目	关键词	内容描述	案例或备注
60	案例	做好案例访谈，体现专业性。	
61	推广	全方位、立体式推广优秀律师，更要推广优秀团队。	
62	国际化	注意与"一带一路"倡议、东南亚产业转移战略相关联的业务联结。	
63	产品化	从专业化到产品化，品牌要重点关注。产品名称、定位、服务对象、服务流程、服务团队、服务报价要全系统地宣传。	
64	内训	律所的基本战略、理念、文化、制度等培训要加强，特别是针对新入职员工与律师。	
65	newsletters 与 EDM	EDM直邮，是将律师跟外界接触的大量信息，结合漏斗原理，逐渐培养客户关系。要坚持做各个团队的案例整理，每月发布一次，鼓励大家散发给客户与渠道。	成功要素：1. 内容甄选；2. 客户数据库；3. 投放准确率，邮件反垃圾归类、退订功能；4. 发送频次与客户触达体验；5. 坚持。
66	通讯员	设立通讯员制度，在各个业务团队培训通讯员与写作班底，及时汇总与捕捉信息。打造铁杆粉丝队伍，要有奖励机制。	
67	大数据	1. 建立关于律师的台账，360度描述、九宫格描述一个律师与团队，学会挖掘数据。2. 协同风控部与财务后台，调取优秀案例与团队，服务于品牌部，也服务于律师协同。	

续表

项目	关键词	内容描述	案例或备注
68	青年人	青年兴，则所兴。要充分发挥青年律师的作用。品牌要多在年轻人的培养上使力。促进青年律师加入当地的青联组织、青企协组织、民主党派、工商联。	
69	社会兼职	鼓励社会兼职，如人大、政协、商协会的职务，用专业渗透品牌。	
70	EMBA、EDP①	鼓励核心合伙人就读优秀院校的商业管理课程。	
71	入职管理	品牌部组织新人加入仪式，给予永久工号，做好入职周年庆，3 周年、10 周年，都可以操作。	学习阿里巴巴。
72	离职管理	离职员工是生态的重要一环，虽然离职，但联系方式还有，不断地跟进今后走向，利用各种机会与他们产生关联，让离开的员工知道律所还在关注着自己。	阿里有"前橙会"，腾讯有"南极圈"，百度有"百老汇"，普华有离职员工酒会。
73	行业	1. 关注行业发展，如果方便发布行业报告，引领行业与文化； 2. 多参加行业峰会，了解前沿，与同行交流； 3. 引领律所积极加入各个专业委员会成为委员。	如建设中国律师博物馆，发布裁判案例报告。
74	社群	办公室应该成为一个社群建设的平台。要有"场景流量"意识。	所有带来人气的活动都欢迎，如与 Icourt 合作。
75	创始人	带头人 IP 已成为优秀律所的品牌支撑，对创始人的专业、格局、品格、发言、演讲、公共活动要重点予以推介。	
76	Law Tech	科技工具不但赋能专业，还可以赋能品牌化的立体化工作，比如利用科技工具塑造团队。	
77	大客户以及小客户	1. 众志成城，挖掘品牌好的国内外大客户；2. 不惜成本，集中力量，每年做一个传播度高的典型的小客户案件。	

① EDP: Executive Development Programs，即高级经理人发展课程。

续表

项目	关键词	内容描述	案例或备注
78	KOL（关键意见领袖）	关键意见领袖的传播对于新创品牌尤其重要。	
79	行业性	对外宣传不仅要突出我们如不良资产部、诉讼部等方式的划分，也要突出我们所有行业的划分，说明我们有行业律师。	
80	行业生态	建议有机会参加国际联盟组织，国内律所生态发展水平参差不齐。	如利用"一带一路"倡议的机会。

确立领袖地位，关怀人才发展，凝聚团队力量，激发产品创造动力，建立平台渠道，回归客户体验。

风貌建设与人文培养

表 6　风貌建设

项目	关键词	内容描述	案例或备注
81	装修	审美时代，一定要重视办公室的软硬件装修，一定要重视设计环节，不一定多花钱，关键在创意，一定要超出当地装修风格，防止土、傻、豪，没有艺术品质。	建议统一风格。
82	VI 体系	律所 VI 应用体系，要请负责的设计公司设计完整、美观、可辨识，并制定使用规范与标准，要严格遵守。	
83	前台	用比同行更高的工资与培训成本选拔优秀前台行政，给前台广阔的发展空间，薪资高于同行 30%。	把前台当作重要生产力。
84	建筑物	墙体标识 + 楼宇广告 + 路标指示 + 楼层引导。	以京师律师事务所为例。
85	社区	与楼宇物业、上下左右邻、周边社区、居民楼周边物业，树立良好形象，建立微生态，挖掘潜在客户。	

项目	关键词	内容描述	案例或备注
86	装扮	品牌要制定着装标准，关注律所男性与女性人员的装扮标准，做好礼仪培训。	
87	选址	1.交通足够便利；2.物业足够上档次；3.性价比足够高；4.附近有知名的企业。	
88	色系	品牌与色彩学。独特性与可识别性，不要超出三个色调。要把握律所色彩整体结构。	如大成紫色系，所有的活动布置都是同一色系。
89	标识性固定	商标申请与保护、所徽、所歌、所旗、培训品牌等有塑形、完善与固定。	

表 7 素养与文化

项目	关键词	内容描述	案例或备注
90	人文	以人为本采写访谈，为每位所内律师留一篇经典的可以被搜索到的深度专访。	
91	礼周	庆案件、庆生、庆周年、庆国庆、庆建党；为婚，为喜，为丧，为见为分。	
92	读书会	在律所发展喜爱读书的合伙人，用读书会连接外部社群，塑造团队内部文化。	认知带来高品质碾压。
93	文体	为所有丰富多彩的文体活动提供品牌推广。	如瀛东杯。
94	团建	品牌要在团队远足、旅行、游学等活动中，提供文字图与视频支持，传播团队精神。	
95	文化	文化是品牌的"里子"。品牌工作要致力于打造"热气腾腾的办公环境"。	
96	亲子	加强合伙人家属之间的交流，关注合伙人之间良好的社群建设。	
97	内部网络宣传	1.全瀛和体系各成员所活动宣传（如果只发一个所的文章，一周也只有几篇，如果集合瀛和成员所的所有力量，就能够塑造一个持续原创文章的公众号）；2.离职员工近期发展情况报告；3.定期举办离职律师活动。	

项目	关键词	内容描述	案例或备注
98	附加值	帮助客户解决孩子求学、子女入职、家人就医、购房置产、旅游、商务合作等问题。	
99	律所起源	不忘初心，回顾历史。宣传材料要有清晰来源。不要害怕告知别人我们创业时的艰苦与挫折，这样的展示会更人性化。同时保持乐观、自信与高度的自我认知能力，规划星辰大海。	
100	社会责任	社会责任是律所成熟的标志，投身公益事业，法援、公益诉讼、扶危济困、参政议政、热点发声，真信真干，不搞花拳绣腿。	

　　品牌解读就是对可视符号的拆解和诠释。每一个细节都是一个符号，最终共同形成一个相互呼应的表达系统，传递着品牌的信息。外在的风貌和内在的风气，是法律服务机构品牌建设必须同时考虑的符号体系。

律所组织的硬核能力是什么?

我带团队拜访了北京新锐恒都律师事务所,创始合伙人江锋涛主任及团队出面接待。我在一次论坛峰会上与江主任相识,关注到他的运营理念。当天他在演讲中提到恒都所的公司制模式,有一个黄金比例线让我印象深刻。恒都的整体分配是,100% 的税前收入,30% 归市场团队(业务中心即流量入口)、30% 归业务(承办法律事务)、40% 归运维团队(含法定税收、租金、运营管控成本、投资人的权益)。

采取彻底的公司制运营与分配模式,摒弃大部分律所的合伙拼盘做大的运营模式,恒都所的底层逻辑与信心是什么?带着好奇心与江主任团队做了一个小时的交流。

江主任在解释这一比例逻辑时,展现了对行业痛点的深刻洞察,对律所发展战略的系统性、整体性思考,对律所的管理运营驱动的坚持。

坚持"一切以服务客户需求"为中心,反推组织战略与业务战略。

中国法律服务市场正处于产业升级的关键时刻,商事服务的高标准、高效率、高体验度,要求律所提供综合性、跨领域、跨行业的高品质服务。商事服务凭借势单力薄的律师个人品牌拉动的小确幸时代,注定渐行渐远。紧紧抓住客户需求的理念,是恒都发展的原动力。

市场需求与客户体验倒逼,规模协作时代到来,"打群架"顺带升级为军团作业模式。恒都最早从知识产权业务入手,恰恰因为纯公司制模式的优势,形成了紧密的分工协作机制,降本增效,做出亿级业务,使客户体验度极高。

组织架构持续优化调整，将市场、业务、运维三件事拆解，相互赋能。岗位职能化、管理精细化。

恒都提出将一流的管理能力、一流的专业能力、一流的市场能力作为三大核心竞争力建设。当天接待我们的合伙人钟文律师负责带领业务团队承办案件，马佳女士专事律所的运营管理，而江律师本人作为创始人，负责战略、布局、统筹。从三位同事的身份配置，看得出律所在管理运维上下足了功夫。

江律师前两年甚至提出对律所进行高品质"工业化"管理，这一想法受启发于好莱坞电影制作，竟然可以把一部创意性要求极高、个性化极强的电影，拆解成数百个环节，从而打造出高品质可量产的作品，而律师的服务何尝不可以在高品质保障下实现产品化、规模化？

突破律师业务导入因偶得性、低频性而无法体系化和规模化的困境，推动律师执业从"非对称性"（提炼）到均衡性，必须靠极强的市场覆盖能力，帮助恒都律所在行业内外形成口碑，建立强大的高端客户渠道的"蓄水池"。从恒都公众号上公共渠道资源的深入链接，以及精彩纷呈的商业活动之中，可见其市场能力的高效。

随着律所向综合化方向发展，恒都持续进行组织结构优化，在法律中心与客户发展中心进行业务承办与市场导流的划分，法律中心项下根据专业领域再进行细分，由各个专业领域的客户发展部垂直对应客户发展中心的后台作业团队。如资本市场客户发展部对应资本市场客户发展中心，知识产权法律中心对应知识产权客户发展中心。而法律中心管理团队、流程团队、时限工作团队、质检团队、案例研究部和专属顾问团队，在市场部的支持下，全力赋能法律中心与客户发展中心，这样的管理结构确保每个业务领域条线都有市场品牌、知识管理等全面的配套支持。此外，恒都还设立了公共服务团队，其职能包括利益冲突协调、律师服务管理、知识管理、品质控制等级，各职能中心相互协同，全面保证专业化和高效率，并为律所沉淀知识资产，实现客户价值最大化，兼顾律所的可持续发展。

据观察，恒都所的组织架构应该是有弹性的，在持续局部优化与迭代微调，2019 年初我们看到事业合伙人制度已经有所调整，业务中心名称已经改为客户发展中心。

我与法天使创始合伙人常金光做了两次深入交流，旁听了法天使在北京瀛和律师事务所的讲师培训课，感受颇深。常金光说，他一年之内在全国各地城市授课就达 110 余次，通过授课活动已为平台导流 10 万余名注册用户。仅产品能力过硬不行，还需要找到流量场景，但只找到了流量场景也不行，还需要强大的市场能力占领用户心智，而这就考验一家机构的整体运维能力。

其实，无论是法律行业，还是其他行业，服务者之间的竞争已上升为组织体系的整合性竞争能力，产品设计定位再好，都不构成竞争门槛，品牌塑造与传播做得再漂亮，在互联网时代都是过眼云烟，反倒是强大的运维能力可以形成沉淀。

这就是为什么《海底捞你学不会》那本书有如此硬气的观点。海底捞上市时，我们猛然发现，创始人不靠股权激励，不靠加盟，总公司对子公司 100% 控股，靠着一座城池一座城池也打下 400 多个直营点，做出 1600 亿元市值的"巨无霸"，体现的就是强大的运维能力，令人无限向往。

近几年，隐隐约约感觉，中国律师行业已经到了急剧变革的深水期，一体化的组织理念已经成熟，市场与客户的需求倒逼组织协作，产品化的理念亦在行业内生根发芽，而蓬勃发展的互联网科技工具已然成为未来行业底层标配，大大减少团队协作与外部交易成本，提高效率。

最难"啃"下来的是律师行业将来最稀缺的运维整合能力，一体化团队的架构能力，因为企业家精神在律师行业本来就稀缺，难以成建制地后天培养，因此，未来律师行业组织提升潜力巨大。

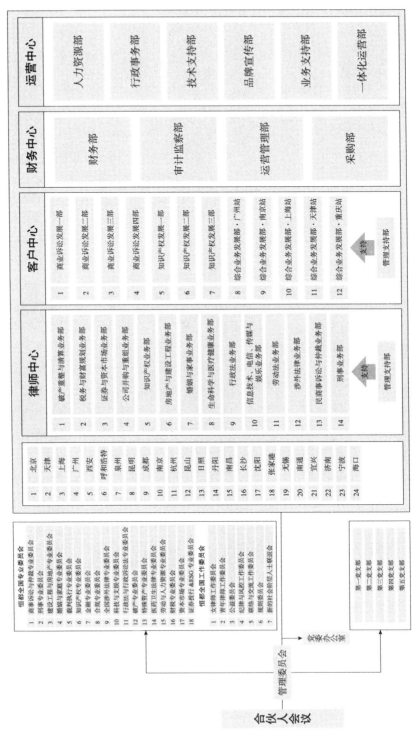

图 1 北京恒都律师事务所组织架构图

附

律所取名的门道

赐子千金，不如教子一艺。教子一艺，不如赐子好名。

创建一家律所，与创建一家公司一样，一个标识性的起点，就是为它起个方便传播的好名字。

起一个好的名字，有多重要呢？

《圣经》箴言中说："宁择好名，不选巨财。"

《道德经》说："无，名天地之始，有，名万物之母。"

《定位》之父特劳特先生说："品牌名称和它的定位一样重要，也许比定位还重要。"

《淮南子》说，昔者仓颉作书，而天雨粟、鬼夜哭。

名字是连接人和世界的渠道。我们的祖先发明语言文字的过程，就是一个给万事万物命名的过程。这命名的过程，就是他们认知世界的过程。

我利用公开数据，对 2020 年京沪 4524 家律所进行了关键字检索（上海全市共注册律所 1668 家，北京有注册律所 2856 家），发现一个有趣的事：

超过 74% 的京沪律所名字中，都含有以下 50 个高频字。

这 50 个字，取出一字"卓"作为标题，7 字一行，排 7 行，排列后读起来还挺顺口：

卓

中天京华海德东

达和国信博安诚

君恒公正方嘉泰

大道金通法泽明

元理平江尚高凯

永山润铭汉源衡

浩同建世创一众

各位，您的律所名字有没有出现其中的字？

关键字的具体排名、频次以及在全部律所中的出现频次、概率，见表1：

表1　50个高频字在北京、上海律所名称中出现情况

排名	关键字	北京律所	上海律所	总计
1	中	136	47	183
2	天	103	51	154
3	京	66	88	154
4	华	87	61	148
5	海	76	18	94
6	德	63	30	93
7	东	69	31	100
8	达	53	47	100
9	和	55	38	93
10	国	58	28	86
小计	10字	766	439	1205
高频字占比	10/4524=0.22%	766/2856=26.82%	439/1668=26.32%	1205/4524=26.63%
11	信	47	38	85
12	博	59	25	84
13	安	53	26	79
14	君	41	33	74
15	诚	37	36	73

续表

排名	关键字	北京律所	上海律所	总计
16	公	55	18	73
17	恒	37	33	70
18	正	38	32	70
19	方	42	26	68
20	嘉	45	20	65
21	大	39	26	65
22	泰	44	20	64
23	道	49	15	64
24	金	55	8	63
25	通	36	26	62
26	法	44	17	61
27	泽	42	18	60
28	明	36	23	59
29	元	40	16	56
30	理	32	19	51
31	平	31	20	51
32	江	21	29	50
33	尚	28	20	48
34	高	35	10	45
35	衡	28	16	44
36	凯	36	16	52
37	永	24	18	42
38	山	33	9	42
39	润	29	13	42
40	源	22	18	40
41	铭	26	14	40
42	汉	27	13	40
43	浩	25	14	39
44	同	21	18	39

排名	关键字	北京律所	上海律所	总计
45	建	13	16	29
46	世	23	15	38
47	创	18	15	33
48	众	17	13	30
49	卓	21	9	30
50	一	13	17	30
总计	50字	2128	1227	3355
高频字占比	50/4524=1.10%	2128/2856=74.50%	1227/1668=73.56%	3355/4524=74.14%

值得一提的是，前10个高频字在4524家律所总数中占比仅为0.2%，在京、沪以及京沪总数中的占比分别是：26.82%、26.32%、26.63%。

50个高频字，是律所总数的1.10%，这一数字，在京、沪以及京沪总数中分别高达：74.50%、73.56%、74.14%。

为什么中国律所偏爱这些字呢？仔细分析一下，这些为同行所钟爱的字，皆遵循以下规律。

1.代表中国的典型文化特色。

中、天、京、华、和、国、汉、清、众、元、泰、浩、海、泽、嘉、大、润、源等，都是中华民族文化的典型代表字。

中国文化博大精深，法的文化源远流长，比如，"和"字就是儒家思想的一个核心词。《说文解字》对"和"的解释是"相应也"，三人吹笙，一人吹和。

这里"和"的含义当是天、地、人和谐统一，并产生和谐之美，后引申出"和为贵"的文化理念。

另外，中国偏爱水字偏旁，水利万物而不争，立志要如山，行道要如水。

2.代表行业特性与价值追求。

法、公、平、正、恒、衡、和、方、明、信、诚、同、达、通等，都是法律追求的核心价值观。

无论是从古代文化的含义，还是从当代的社会核心价值观来看，这些字被公认为有强烈的法律行业特性与价值。

就拿"法"本身来解释，古字写作"灋"，最早见于西周金文。字形由"氵（水）""廌（zhì）""去"三部分组成，"水"代表执法公平如水；"廌"就是獬豸，是古代传说中一种能明辨善恶是非的神兽。法律的核心价值追求，明辨的是善恶、是非曲直，维护的是同诚恒信，核心价值就是公平正义。

3. 这 50 个字的发音，皆朗朗耐读，通俗易记。

从音韵学统计，50 个字里开口元音作为韵母结尾的有 21 个之多（a、o、e、i、u、ü），开口元音作为韵母结尾的特色，就是韵母发音过程时，口腔肌肉最紧张，发音最响亮或隽永清新。剩余的 29 个字，韵母以 -ng 结尾，-ng 是后鼻音尾韵母，特点是舌头后部高高隆起，舌根尽力后缩，抵住软腭，口型较开，因此发音时口鼻共鸣，浑厚响亮。

当然，除了以上三个原因之外，大家乐意取这样的名字，还有一个重要的影响因素，就是从众心理，律所创始人在起名字时，容易得到暗示，围绕市面上已经有的名字打转，甚至还有"搭便车"之嫌，这一切成了打不破的魔咒，同行的名字极容易撞上相同的字。

很多新创律所的主任抱怨，律所名字在司法主管部门核名非常之难，有时几十个甚至上百个字，都无法核准，导致他们核定的名字并非所中意的那款，很多律所在取名字时就由仔细到随性。

其实，熟悉行业核名门道的人应该都知道，司法机关系统在核名时，除相同字形查重外，发音也要避免同音字，造成发音区别度的困扰。

而汉语拼音一共有 23 个声母、24 个韵母，全部拼音组合三四百个，加上行业对发音、字形、字义、字数（一般 95% 的律所喜欢两个字的名字）的偏爱，就极易使用这 50 个高频字。

之前，我在一篇文章里讲过如何给品牌起一个好名字。一个好名字至少包括以下特点：

（1）个性化与标识性。律所的品牌名字代表律所的定位核心，既能体现行业与团队特质，又能区别于其他机构。

（2）音韵上好听、好记。使用爆破性强的元音或者铿锵上口的名字，特别是押韵的，容易被人记住，比如"阿里巴巴"。切忌拗口！

（3）有暗示性。指名字中暗示着行业或产品特点，容易让人联想到美好、正义的事物。比如"理财通"暗示着与钱有关。

（4）有文化创意。这是对以上三点的综合要求与提升，也就是说，在音、形、义方面，还要研究字的历史沿革，不但要研究《说文解字》，还要研究《周易》，要有不俗的解读，耐人寻味。

综上来看，律所起名字，还真是一门学问。为了让律所更具有标识性，取名的视野一定要更开阔一点，可以从浩瀚的经史子集里汲取灵感。

有人说，名字就是最短的"咒"。兹事体大，不得不察啊！

我为什么说品牌让营销变得多余？

"现代营销学之父"菲利普·科特勒说："品牌是一种名称、术语、标记、符号或设计，或是它们的组合运用，其目的是借以辨认某个销售者或某群销售者的产品或服务，并使之同竞争对手的产品和服务区别开来。"

对于品牌，律师是如何塑造的？对于品牌，律所又是如何构建的？作为数字瀛和创始合伙人，我受邀参加了大湾区青年律师成长沙龙，以下以问答的形式来表达我关于上述问题的思考。

Q："新则"的大鱼老师认为："对大部分律师来说，在品牌上面临的问题从来不是'专业能力不够'，而是'差异性不足'。"对此，您怎么看？

A：个人拙见，专业能力是时间问题，是经验与技能的积累，而差异性是认知问题，是认知之后的坚持或者是机会的问题。差异性是解决辨识度、信誉度和美誉度的问题，品牌促进同事、同行之间的业务互补、内部协同，解决外部的辨识度与认知度问题。

Q：律师个人品牌的塑造，是"专业能力"更重要，还是"营销"更重要？

A：两者并重。对于律师来说，如果把团队当作自己的重要平台，而非单打独斗，那么，除了需要找到个人专业定位，在团队里找到自己的位置也相当重要。我和大鱼老师交流过，有个观点我很认同：传播专家做品牌，洞察人性的做产品，思维缜密的做承办，严谨保守的做复查，整体思维能力强的做领导者。在这方面我们是有共识的。

Q：对于律师个人而言，品牌落脚点应该聚焦在"专业"上还是"行业"上，哪个更容易脱颖而出？

A：专业化律师走向行业化，更容易让律师一战成名。所以落脚在行业尤其是朝阳行业上，律师更容易脱颖而出。比如，从建筑工程到 PPP（政府和社会资本工作），从互联网金融到网络法，从婚姻到家事与财富传承。

以瀛和律师为例，赵中华律师曾在住建部、中国物业管理协会长期任职，从事律师职业后，通过开辟物业管理模块，一年时间就成为行业内的知名专家。

马传良律师专注于数字供应链金融这一相对细分但市场需求比较刚性的领域，迅速在瀛和律师内部交易市场获得业务合作的大量机会。

Q：律所品牌就是市场，品牌让营销变得多余。对此，您怎么看？

A：天下所有的生意都是围绕两件事：打破信息不对称、解决信任不传递。律师行业尤其如此，无一例外靠推荐获得业务，建立信任靠渠道，打破信息不对称靠业绩积累、案例积累。这是有原因的，法律服务是一个低频、刚需、高价的项目，就个人业务案件而言，当事人一辈子可能就只打一次官司，如果需要花费他一年的收入，他怎么可能随意相信一个完全陌生的律师来提供服务。

同时，律所的营销一定是一个系统工程，而品牌的范畴更广，营销只是品牌的一个载体而已。就拿定位来看，大鱼老师一直认为，品牌重在定位，定位就是塑造购买的理由，产品是为了满足购买理由，包装是为了放大购买理由，营销是为了传播购买理由，团队是为了提供组织保障。这里面只有营销是临门一脚，只是品牌非常小的一个环节。

Q：有律师事务所提出要"以专业铸品牌，以品牌塑专业。"那么，您认为该如何处理"专业"与"品牌"之间的关系？

A：专业绝对是律师和律所的根本，没有专业服务的沉淀，品牌就是无源之水，无本之木。随着大数据时代的到来，一个律师的专业与否，可以轻易获知，所以将来不是靠个人推销，靠大数据就解决了。最近，一位阿里系的企业客户在找私募基金退出方面的律师，他在中国裁判文书网上筛选了 3 名北京律师，然后再听取我的意见。这说明什么？将来专业到品牌的距离越来越短，大家很容易获得专业数据，品牌更容易依赖专业。

我们的律师服务有很多沉没成本，比如议价、面谈、竞标、沟通、付费等，品牌可以让人快速信任，减少磋商成本。也就是说，品牌一方面可以提升法律服务成交效率，另一方面可以提高服务单价，提升服务品牌的辨识度。此外，还可以通过大品牌、高起点来凝聚优选人才，这就是毕业生总是优选红圈律所的原因所在。

其实，品牌工作是面向市场的，最终提升律所的行业竞争力。从这个角度来看，专业和品牌相辅相成，专业是根本，品牌是给予专业一个包装。就像大鱼老师所说，从品牌角度给客户一个购买的理由，包装就是放大了购买的理由。在互联网时代，专业更重要，品牌是基于专业成果的沉淀。

Q：著名律所品牌规划师段建国认为："品牌塑造就是口碑打造，口碑打造就意味着案源通道，知名度、信誉度、美誉度的形成就是品牌塑造的过程。"对此，您怎么看？

A：我非常同意他所说的观点，品牌塑造就是一个层层递进的过程。当然大家的演进路径是不一样的，有的是从知名度到信誉度再到美誉度，次第展开，登堂入室；有的是从信誉度展开，当事人也许对他的专业能力无从得知甚至毫不在乎，只要能够解决问题就行。还有的是从某个小的圈层中所塑造的美誉度开始的，最终实现了正向反馈。所以，从案源角度来看，大家各显神通，是一个立体而非线性的品牌塑造过程。

值得提出的是，律师行业面临一个很大的问题，就是如何处理好律师个人品牌与平台品牌的关系。如果个人品牌与平台品牌无法形成良性互动，不能相互借势，出现大律师小律所这种"穷庙富和尚"现象，不仅浪费了各自资源，对律所发展和品牌塑造也是一种侵蚀。所以对律所来说，在私域流量盛行的当下乃至未来，一定要把握好律师和律所品牌关系问题。

Q：以您的经历来判断，当事人找到瀛和，是冲着律师个人还是瀛和平台？

A：瀛和给平台律师的加分项情况不一。就我个人来说，我受益于瀛和平台的品牌建设，很多客户是基于我是瀛和创始合伙人而认识我的。

但是，后期加入瀛和的律师，需要更多依赖于个人专业能力。截至目前，平台绝对不是律师成交业务的最主要因素，因为平台只是律师的加分项而已，并不是关键因素。如果律师加入瀛和，看重的是能够为个人品牌增添背书，那么，瀛和只是锦上添花。

而对于客户来说，瀛和能够给其带来的价值是：第一，全国性的网络平台，市场本土化，服务全球化；第二，在全国范围内从 6000 名律师里优选为客户服务的律师，我们有画像。

Q：行业内有很多名气很大的律师，名气等同于品牌吗？

A：这是一个很有意思的话题，我曾经给律师做过分类：一是政治律师，担任两会代表或协会职务，他们是社会活动家，而不主要靠专业身份；二是产业律师，他们在经济发展过程中，站在产业的风口浪尖上，提供产业服务，比如网络法律师、PPP 律师；三是专业化律师，在具体业务领域中占有一席之地。

以二八定律来看，行业内 80% 的律师都不是名律师。如果说名气等同于品牌，那么名律师是如何界定的？而且，律师行业并不缺名律师，缺的是在政治格局上能够代表行业声音的律师，缺的是在国家经济发展中拥有前瞻性的律师。专业才是律师的根本。

Q：有名气的律师的专业功底一定很深厚吗？当事人如何才能找到"对的律师"？

A：律师行业的痛点是没有建立起对律师的评价机制，在这种情况下，律师靠信息不对称、信任不传递赚钱。

而当事人，他们的选择是"有限理性"，这非常容易导致当事人没有选择到对的律师。于是，他们只能看律师、律所名气，因为至少有背书。

但是，这同样会出现一个问题，那就是名律师只管接业务，业务接过来之后，就交给后端的授薪律师承接。而后端的服务质量、服务稳定性不足。所以当事人会认为，律师的个人名气与服务质量不成正比。

当事人要想找到"对的律师"，一方面，要求律师保证客户服务的稳定性、高质量，在客户体验上下功夫。另一方面，有赖于从整个行业上打破信息不对称，建立律师评价机制。

从目前来看，当事人既要解决问题又要享受到高质量的服务体验，这是一个很大的难题。我相信，未来律师大数据建立起来之后，对当事人找到"对的律师"是有帮助的。

年轻人为什么不热衷于单位的活动？

年轻人对律所组织的活动为什么不领情、不热衷、不满意？

随着行业的竞争加剧，越来越多的律所开始注意在年轻律师培养上的投入，将青年人才培养作为团队未来核心竞争力建设的着力点。有的律所专门成立了青年工作委员会，拨付了专项资金，调动内外部资源提升青年人的专业、素养与能力。

道理不言自明，但是律所的管理层面临的尴尬是，律所用心举办的活动，青年律师参与度低、热情不高，活动效果普遍不明显。

其实，这都是一些共性的难题，是什么原因让年轻人不热衷于律所的公共活动呢？有外部的原因，也有内部的组织问题。

不可忽视的是，其实年轻人的学习资源越来越多，律协的与商学院的，专业的与非专业的。我带教的一位 MBA（工商管理硕士）毕业生，竟然通过在 B 站半年自学就通过司考，他对我说的一句话令我印象深刻，就是只要有主动学习的意愿，喜马拉雅、得到和 B 站就可以提供 80% 的学习资源。

学习是一种机会成本，也有交易成本。

从内部找原因的话，其实是对青年人才培养的认知、组织、方案、路径、内容、时机、激励等，都有改进的余地。

以下是我与几位同行在新则成都活动小组里提出的十条解决方案，供律所主任们参酌：

（1）律所活动切莫太过频繁，年度活动可根据预决算、成本收益指标提前做好规划，要出必出精品。

（2）尊重青年律师向往自由和多元化生活的意愿，谨慎占用节假日和其他休息时间。活动要有的放矢，"有事赋能，无事不扰"。

（3）减少全所范围的活动。律所层面只抓价值观、凝聚力以及通用技能的培训，对此还可区分必修课和选修课。

（4）其他类型的活动和培训可将组织权和经费下放到团队，分层、分人、分受众，做到每场活动均有明确的针对性。

（5）让青年律师自己参与培训及活动的选题、组织和策划，好的创意要得到律所的肯定和鼓励，对此可设立专门的奖励机制。

（6）将青年律师参与活动的积极性指标作为奖励的一个方面。奖励在时效上要适应"90后""00后"的"即时反馈"需求，同时奖励形式可以多样化，不限于金钱，还有名誉、机会等。

（7）把培训机会变成一种内部选拔，并且培训机会还可以由律所协助转化成市场机会或社会实践参与、社会职务获得的机会。

（8）把输出变成培训结果评估的一种手段，以青年律师的对外输出倒逼其主动要求学习、培训。

（9）知识付费，免费的往往难以得到重视。适当低于市场价的成本收费，也许效果更好。

（10）事前调研选题，事后评估优化。评估优化可以多样化，除传统的反馈表模式之外，更鼓励采用当下年轻人流行的方式，如"吐槽大会"等。

在成都的一位同行直率地讲，对青年的培养，不能以管理者为中心，更不能为了满足"家长"对年轻人的操控感而"搞事情"，而应以需求者为导向，激发大家的善意与潜能。

诚哉斯言。

二、洞察市场的规律

万人规模律所出现的思考

中国某一大所宣称北京总部与各地律师总的规模突破 10000 名注册律师，从单体 100 名律师发展至 80 余家分所、10000 人规模，用了短短 10 年时间。这一惊人体量，代表了过去席卷行业的规模化与网络化，成为法律服务市场供给端做大做强的主要趋势。

当然，行业对部分规模化律所，靠横向挖脚形式完成布局的方式，存有争议。但攻城略地、行业重新洗牌的时代确实在十年前就已开始，规模化的核心体现就是强势律所以相应形式在全国布局。

本文想简单梳理传统总所，特别是北京与上海的律所总部快速布局的动力与逻辑、基本路径、行业布局面临的主要挑战、总分所关系的再思考。

总部布局的动力与逻辑

以京沪为代表的大所在全国主要城市布局，构成律所布局发展的主要潮流，其快速发展布局的内生逻辑，其实大家都心知肚明。所以，笔者不想使用过多笔墨，只是简要概述一下。

（1）北京、上海的资源、人才、专业、势能、品牌、管理，都形成对外势能，形成差序格局。特别是北京，具有面向全国不可替代的市场地位——政经、渠道、人才、服务能力，从而构成对当地律所的吸引力。

（2）各地政经与经济发展的不均衡性，需要削峰填谷。根据递弱代偿原理，资源本土化，但是服务的全国化、全球化是行业未来相当长一段时期的基本趋势。

（3）二、三线城市法律服务相对落后于当地经济发展，区域化市场整合本土资源势能不足，网络协同做大做强需要外来品牌支持。

（4）区域市场一体化的融合与高铁时代，可以便于协同，中国形成了长三角经济带、京津冀环渤海经济带、粤港澳大湾区等经济一体融合的经济圈，法律服务市场融合度较高。

（5）竞争的需要。网络效应与规模效应形成的马太效应，使规模大所有更强的业务竞争力。历史证明总部所在地直接影响全国一体化。如北京 2000 家律所，以占全国律师规模 8% 的人数，创造了行业 20% 以上的收入。

（6）客户的需要。集团型、网络型的大型客户，需要落地的服务，也希望原有团队在当地有网络布点，这会反推律所在各地的规模扩张。

总部布局的基本路径

（1）从投资模式看。分总部直投模式与由分所自筹资金模式，前者如天同律师事务所，后者则是过去十年律所拓展布局的主流。

（2）从管理模式看。一是由总部统一派驻合伙人或者管理人直管模式，如盈科、天同；二是由总部与分所联合成立一体化管理机构统筹管理，如中伦、大成；三是分所本地合伙人组成独立的管理机构自行管理。第三种是时下主流模式。

（3）从品牌输出角度看。大部分律所都冠以总部的城市与分所所在城市的地名，如北京大成（上海）律师事务所；有些律所刻意模糊总部的概念，名字中消除了总部城市特征，如国浩、泰和泰、德和衡等机构，不知是司法主管机构特批还是历史产物，内情不详；还有总部与分部名称并不统一，而是冠以一个共同的品牌，形成合作生态。值得一提的是，数字瀛和过去十年，以互联网思维构筑全国网络，形成了 200 余家"瀛"字打头的律所，形成数字瀛和成员所矩阵，引起行业的关注。

行业布局面临的主要挑战

首先就是职业风险的无限放大。总分模式，仍然脱不开合伙制的责任连带，一荣俱荣，一损俱损。如国内某家规模所因为 IPO 业务受到证监会处罚，导致资本证券业务团队在全国范围内遇到执业障碍，甚至有律所出走。即使分所没有执业风险，若品牌控制不得当，发展参差不齐，也会多少连累总部的声誉。几年前深圳某家律所合伙人的炫富风波就曾扩大为一场媒体广场事件。

其次是司法主管部门与律协对本土律所的偏爱式保护。虽然我国法律服务市场相比于欧美国家，拥有全国统一的司法背景与法治环境，但行业注册属地管理，市场以省域区隔明显，导致法律服务市场又成为一个相对割据的市场。

笔者近些年来认识了不少地区的司法局与律协负责人，他们倾向于扶持当地律所做大做强，在评优推优、社会任职、财税扶持、案源机会等各个方面，给予本土所更多倾斜。

在此背景下，各类合纵连横、本土化的大所应运而生，打破驻本地的外地分所模式的强势地位。但是，即便如此，市场与客户才是最终检验法律服务机构竞争力的核心，外地所与本土所，最终在客户选择与服务上会一较高低。

最后是管理一体化的挑战。中国律师行业发展正处在新旧交替的时点上。总分所结构虽然形式上实现了品牌的联合，但是在提成分配主流模式下，内部竞争案源、搭铺核算、封锁信息与个性发展，仍然是行业主流。如何处理好总所与分所、分所与分所、各所合伙人之间的协同关系，仍然是一个胶着的话题。

未来不同总分所机构在全国的竞争，越来越体现为一体化整合能力的竞争。分支机构在当地发展得好与不好，既有战略定位的问题，也有人才资源与业务渠道的问题，同时也反映了总部与分所之间品牌、业务、人才、管理、知识、科技等全方位的整合能力。

但是放眼望去，中国总分模式延续 30 年至今，仍略显粗糙，有链接却偏松散，有管控却少赋能，没有发挥优势互补的最佳状态。分所发展模式的趋同，势必造成各地城市行业低端竞争，造成当地法律服务市场的混乱。

总分所关系的再思考

在区域链时代，在充满不确定性的商业时代，行业风行多年的总分结构模式，就一定是最好的布局模式吗？答案是不确定的，我在学习《中共中央关于制定国民经济和社会发展第十四个五年规划和二〇三五年远景目标的建议》之后，笃信一件事，就是行业发展模式要有创新，再也不能坚持老路子，必须做出改变！

中央新政策中反复强调的一个关键词是：高质量发展。在新发展阶段要有新发展理念与新发展格局。在高质量发展之下，蕴含着创新作为第一动力，协调成为内生特点，绿色成为普遍形态，开放成为必然之路，共享成为根本目的；更有质量、更有效率、更加公平、更可持续及更为安全地发展。

近期在与瀛和战略顾问的头脑风暴中，对于瀛和总部与成员所的互动关系，有了新的梳理。简单概括起来总部要重点发挥的四项职能：（1）政策与制度，释放生产力；（2）科技引领，继续巩固瀛和的互联网科技基因；（3）统筹人才资源与市场资源，从需求端开发倒逼团队整合，实现内部生态圈大循环与有机的交易市场；（4）形成智库资源（建律所党校，培训干部人才）。集结智囊，为成员所与客户提供战略服务。

分支机构在各地的三项职能：（1）正确执行总部发展战略；（2）动态反映

基层成员所的呼声，提取基层智慧；（3）发展成员所，扩大网络覆盖面。在此基础上做大做强，互相赋能。

总分所关系是一个开放性的话题，且应该放在更大的政经格局背景下审视，以未来十年发展的眼光看待中国法律服务，有待有志之士共同探索。

先做市场还是先做团队？

我在辽宁、贵州、广东等地做了一些讲座，对团队建设、品牌定位、产品研发、市场开拓等谈到了一些个人见解，培训之后与学员也多有互动，他们提出的问题，有一定的普遍性。我想将问题公开予以答复，希望可以帮到大家。

以下是一位汪律师的来信。

董老师：

早！请允许我称呼您为"老师"吧。

感谢您昨天在律协给我们做的精彩分享，让我听得热血沸腾。感觉律师执业中的业务机会其实有很多，只是看自己有没有能力看得见和抓得住。

我是 2020 年 12 月转到 YS 执业的，之前我所在的 × 所，是一家不重视发展、一直在走向衰败的老所。我是 2012 年通过司法考试，2013 年 40 岁开始做实习律师，在来 YS 之前只在一家律所工作过，在那里一待就是七年半。真是"呆"了七年半！

我作为执业年限不长、创收一般的律师，在 × 所却已经算是业务能力强的。没有人可以再给我指导，我必须走出来，换个律所环境，跟很多优秀的人在一起，也希望自己不要太颓废了。我只来过 YS 所一次，参加过一个律协的会，就喜欢上了 YS 所，所以，就决定转过来执业了。

在 YS 所，我跟身边的人学习，也打开了一些眼界，看到了一些在原来的律所没听过、没见过的律师业务，包括"战略合作项目"。我觉得挺好。我利用自己的关系，今年4月末，终于也签约了一个产业园区，能有1000+家企业的那种。但前期是没有费用的，只是我可以带领"我的团队"进去讲课，提供法律咨询，或者搞活动，园区也不收我的费用，而且可以给我提供适当的人和物包括场地协助，还免费给我提供了一间办公室，可以用来接待园区内企业及个人的法律咨询。

但是，现在在项目进展上却很难推进！我计划也做一个公众号，推送我们团队律师及财税的文章及简介。可能还是我的领导力不够，在调配团队人员工作上总感觉得不到积极的响应，这是我特别要向您请教的。

我在YS所组的团队，是我与6个高级合伙人、1个合作律师和1个财税老总合作。高级合伙人都是有办公室的，而我只是一个名誉上的普通合伙人，坐在卡位。谈项目之前我通过观察，发现除了财税老总外，其他人都是没有自己团队的，而且我选择他们是因为他们每个人擅长的专业方向不同，我们几乎可以互补。

分别谈话后，他们也都表态愿意加入我的团队。但在后来的工作中，我却感觉调动团队积极性有些难度！每次说什么他们都会答应，但做起来却很拖拉，需要我挨个去催。而我的业务量虽然创收不多，工作却排得很满，时间很紧张。所以，只要我一忙得不能跟进项目，项目就会停滞，这让我很烦恼。请您给我指点指点。

谢谢您，董老师！方便时回复即可，多谢！

以下是我的回信。

汪律师：

您好，来信收悉！

首先，恭喜您的选择，作为入行时间不长的律师，您选择了一家有活力、有创业氛围的律所，这是非常正确的。年轻律师若单打独斗，本来就容易迷惘、孤立无援。如果平台无法给自己赋能，同事们无法形成有效互动，就缺少了一个成长渠道。

我上周在例会上给运营团队讲，判断一家律所是否适合律师发展，是有共识的。那就是，行政团队对律师的服务支持是否能给律师带来情感支持？内部交易市场与内外部循环能否为律师提供增量服务，即成就需求？以品牌、学术等知识管理，能否满足律师智识增长？律所的社团组织或文体活动能否满足社交增量？而党建工作、风控建设与合规建设能否为律师提供安全需求？

若链接就深入，选择一家律所，就要深入了解律所，讲好它的故事，做到共创、共享，彼此引流。我在半年工作会议上提出，一位律师要尽快融入团队，需要做到以下四点：熟悉律所优势、资源、战略、理念、业务、制度；极度专业精神，为客户提供高体验度、高质量、高收费的服务；极度开放原则，包容短长、热爱分享、热爱链接、热爱运动、热爱娱乐；相对奉献精神，底线思维、爱惜平台、共赢共创。

其次，你提到园区的开发，作为市场导流的起点，我非常赞同。律师市场开发，没有多么大的秘诀，其核心就是不断找到自己的流量渠道，发展更多推荐人（reference），因为销售漏斗上端的流量越多，下端沉淀与可挖掘的客户就越多。在课堂上我一直推荐大家读一本畅销书《中间人经济》，讲的就是平台或推荐人的五项功能。不管这个园区前期是免费的还是收费的，我觉得1000+家的企业资源都是律师可以深入链接的对象。从这个层面讲，每位律师都要有一个自己的销售漏斗，有较强的编制社会网络关系的能力。

不过，市场规模性开发需要有产品意识，只有产品化可复制推广的服务，才能对接大的渠道资源。我曾经用"七个一"工程来讲一个团队如何做好产品，即一是选好一个业务或产业赛道；二是做一门精品课程；三是做一个紧密型的团队；四是开一个自媒体公众号，并持续输出内容；五是做一本不断可以迭代的宣传册；六是有一套高性价比的价格体系；七是要有一套市场营销的办法。北京瀛和律师事务所有一个优秀的公司治理团队，对于如何从零到一开拓一块新兴业务领域，有过半年就做得风生水起的案例。具体请搜我在"董董墨迹"

公众号上的文章《关于专业这件事，这个辣妈明星团队做对了什么？》①。

再次，关于团队建设的问题。这几乎是所有律所团队共同的痛点，特别是跨团队合作，就面临团队稳定性的挑战、持续付出的挑战、利益分配的挑战、客户服务质量的挑战。那些致力于建立一体化团队的合伙人，也会发愁是先有鸡还是先有蛋的问题，这是一个矛盾的话题。先建立紧密型团队，意味着成本先付出，可能会有市场投入风险，也会有学习成本投入风险；而先做市场，再做团队，则往往业务来了，团队服务能力跟不上。

其实，核心团队建设是一个艰难的过程，很多合伙人坚持不下来，它需要平衡当下付出与未来期待，要有长期主义精神，把对人的投入当作资本要素来对待。团队大了，律师还要学习前台、中台、后台的全链接建设，对渠道、营销、品牌、客服、承办等相关岗位都要有所涉及，不断提升自己的领导力。

不过，在律所内部交易市场的环境下，在专业市场细分的行业背景下，不可能所有业务都由紧密型团队来操作，需要跨团队进行协同，但跨团队协同面临的问题又特别多。我觉得要做好跨团队协同，需要根据契约精神与诚信意识，完成团队共建的原则与规则设定。我提出了团队合作的九大原则，即客户服务至上原则，尊重市场渠道原则，充分发挥最大协同优势原则，成本扣除、利润分享原则，信息公开、透明原则，客户共有原则，招投标资源共有原则，客户服务质量与风控原则，合作纠纷处理原则。

最后，我之前给你提出要做盖洛普领导力测试，特别重要，可以通过它，寻找我们在战略能力、关系能力、影响力及执行力方面的优势与短板。通过比对，扬长避短，突破领导力的樊篱，带团队走向成功，改日我们可以详细探讨一下测试结果。附：测试地址（store.gallup.com/h/zh-n）。

以上是我的一点浅见，迟复为歉，希望对您有所帮助。

---

① 见本书中篇第一篇文章。

从专业到市场需要越过几座山？

　　律媒智库的孙社长，作为资深媒体人在演讲中提到了一个问题：从专业到市场需要跨越多少步？引发了我的深思。

　　是的，我们倡导法律服务行业专业化已经二十余年，它已经成为行业共识，或者说就是行业的标配，也是客户服务的应有之义。

　　作为专业知识分子，只有精通相关业务领域，往小了说，能受人之托忠人之事，解决委托人的问题，"我们办的不是案子而是别人的人生"；往大了说，要维护法律的正确实施，关乎公平正义，让法治阳光温暖每一个人。所以，职业法律人必须走专业化路线，不再需要论证。

　　但是，专业并不天然带来市场，就和原油不经过层层冶炼提纯成汽油，无法直接输入发动机，将汽车驱动是一个道理。专业再高大上，也必须变成客户愿意为之买单的服务，须经过市场的检验。坊间有句很俗气的话，世界上最难的两件事，就是把你的思想装进他人的脑袋，把别人的钱装进自己的裤兜。现在让我们一起来分析一下从专业到市场，需要过几个关卡。

洞察行业趋势的定位能力

　　定位能力，是指在外部竞争环境下，企业或品牌在消费者或客户中准确定位的能力，也可以说是差异化的能力，即找到自己的独特性。过去十几年，每隔一段时间，我都读一遍特劳特的《定位》，我们认为定位理论在不确定时代仍然熠熠生辉，具有商业价值。

"不确定性"成为一个热词，用于描述外部政经环境，而在不确定性中找确定性，则是各行各业都在面临的问题。我一直强调，要成为行业领军人才，必须学会研判当下宏观形势、行业走向，把握行业外大环境和行业内小环境，取势、明道，然后才能优术。

我在演讲中讲到，2022年，我们面临着新冠疫情延续、全球局势局部动荡、数字化战略、经济南强北弱、资本节制等政经的不确定性；面临着行业整顿、税收问题、客户迁移、竞争加剧、业务风险等行业的不确定性。同时，我们也面临着高质量发展、共同富裕、乡村振兴、第二个一百年、依法治国、合规、反腐和高铁时代以及律师行业规模化、网络化、数字化、高品质、知识管理、一体化等确定性。

要通过腾挪找到破局点，改变约束条件，坚持深耕，以开放心态面对新挑战，以不变之专业追求应对万变之态。价值共生，协同共享，一起向未来！

北京瀛和律师事务所金融业务中心主任张鸿波分享的《问题私募投资基金退出的法律服务》、知识产权业务中心主任赵礼杰的《企业视角下的律师知识产权业》、刑民交叉业务负责人刘欣的《会诊式服务解决企业疑难复杂诉讼》、资本证券部合伙人王晓燕的《把握时代机遇，打造瀛和北交所专业品牌》、财富传承业务律师王铁心的《财富业务如何赋能律师业务增长》、数字业务负责人肖云成的《2022年互联网内容产业的数字版权保护合规法律服务》、北京瀛和（徐州）律师事务所主任佘勇分享的《淮海经济区法律服务以合规与北交所为双引擎》、北京瀛和（南京）律师事务所律师费霖的《政府招商引资项目全周期法律服务产品》等，都是在洞察行业内外环境基础上，结合自身专业基础，以及以往的客户经验，做了非常好的定位。

从专业能力到服务能力的核心竞争力塑造

专业能力是服务能力的基石，服务能力是专业能力的显性化。两者相互传递与转换，但又有所区别。

专业能力强调的是服务所具备的特殊知识结构与技能，而服务能力则强调的是满足客户需求层面的综合性素养与经验，后者是前者的产品化、外形化、结果化，最终服务能力以解决客户复杂问题为旨归。

专业能力强并不能直接解决客户的问题，只有真正解决客户问题的综合能力才叫服务能力。说得有些拗口，这样说吧，论知识的结构与深度，法学专业各领域的博导或教授应该比我们大部分律师都要强，但是他们的客户服务能力不见得超越律师。因为从专业能力到客户服务，需要沟通协调能力、案例经验、行业洞察力、团队建设、文本输出、社会资源整合、个人 IP 等相关隐性或显性专业的配合。

而服务能力的高低，直接决定了律师在同行业内的竞争力。很多获得客户青睐、收入颇丰的律师，在专业能力、品牌能力与运营能力上往往都很棒，既能提供专业性的服务，又能说会写，还能带团队打胜仗。

从个体到团队再到平台的组织能力

律师行业单打独斗的时代已经过去了，这是基于客户需求的综合性、复杂性的要求，单一法律角度可能解决不了客户的综合性问题，个体律师往往不具备复合性的解决问题能力，本地化服务无法覆盖客户全国乃至全球区域的业务发展要求。

另外，越来越多的团队认识到，只有规模化的大团队、紧密型团队才能适应客户需求的竞争性入库或服务要求。这就是越来越多的团队加入全国性的律师网络，越来越多的律师走向紧密型团队的主要原因。除此之外，团队的客户管理、品牌输出、市场营销、业务协同的前台、中台、后台建设，也需要专门化与职业化，这就需要有"运营驱动"的大中台思维。

近几年，大家对中台建设形成了比较多的共识，像踢足球一样，没有强大的中场选手，很难称之为优秀的球队。腰部力量，就如客户运营的概念，一头连接客户需求，另一头连接服务能力，将两者有效匹配起来，以产生稳定、高质量的服务体验。

从输入到输出的内容塑造能力

知识营销虽然是老生常谈的话题，但我一直认为知识型行业的营销，学术写作与演讲培训，是律师最有效、最有质量的输出专业的方法，因为没有什么营销比得上高质量 IP 的塑造与传播。

大家对此有共识，但是普遍的感受是，内容营销花费大量时间，却无法达到获得相应客户的效果。

其实，这里面牵涉三个问题，一是你发布的内容是否有效？要解决有趣、有料、有关的受众可读性与价值性问题。

二是你是否找到了场景？场景是互联网上的一个词，没有场景就没有流量，这就要求你去客户能触达的场景里写作与演讲。我们很多律师喜欢在同行内做分享，其实这是一个误区，帮助客户解决问题的分享，就要在客户扎堆的场景下展示。

三是内容变现的系统性问题。内容营销不是简单的新客户开发，要有长期主义的思维，内容营销的主要目的是将品牌传达到相应渠道与潜在客户。它是润物细无声的，是无为即有为的方法。

未来，产品学术化、学术产品化，一定是我们律师要具备的核心内容塑造能力，随着数字化时代、自媒体的全方位渗透，你永远不用担心才华会被埋没，只要你拥有持续输入内容的能力。

从营销到口碑的市场能力

我一直同意一句行话，品牌让营销变得多余。而且行业的最高层次竞争，排第一位的不是人才，也不是客户占有率，而是口碑与声誉。

彼得·德鲁克说过，营销的目的在于认识和了解客户，让产品或服务符合他们的需求，从而实现自我销售。销售是一系列关键动作完成后，自然形成的结果。意味着减少了销售直面客户推销的环节，让客户自己通过寻找到所需要的产品和服务后，可以达到四个主动：主动了解、主动购买、主动复购、主动转介绍。

《华为饱和攻击营销法》一书提到，用市场与客户的反馈倒逼研发，倒逼产品优化。这就是以客户需求为导向的极致营销思维。

行业内的卓越团队若能做到这一步，高质量的客户就会源源不断，但这是非常难做到的，行业竞争的规律永远是向头部集中。这就是优秀团队在路上一直保持领先的重要动机。

最后，引用查理·芒格的一句话："宏观是我们必须接受的，微观才是我们可以有所作为的。"这个是针对外界环境的定位。

而针对专业的兑现，我想说，市场环境我们是无法改变的，但我们可以加强各种专业能力的综合性输出，以向好的结果趋近。特别是在从专业到市场的路上，我们可以找到一些方法论，最终让专业能力离客户的信任与托付越来越近。

从人脉到收入需要蹚过几条河？

市场能力建设在专业领域有其自身的特殊性，从市场能力到真正落地转化为收入，须符合营销学一般性原理，同时，又须符合法律行业的特殊原理。

与一位资深合伙人聊天，他感叹说有的律师或合伙人，手中"资源"大把，结交甚广，人脉丰厚，也很会张罗事，办公室里人来人往，但就是没有看到收入的落地增长。这是怎么回事？这引起了我的反思，想写一篇短文，谈谈从人脉到收入落地需要"蹚过"几条河。

首先需要廓清的是，如何界定社会资源与人脉，认识的人多就是人脉广吗？这是一个错误的命题，人脉广与人脉有效是两回事。我们有些同行，热衷于混场子，积极参与社会活动，逢人就扫微信，结交一些泛泛之交，之后再无任何交集，甚至很快相忘于江湖，这类行为既浪费了精力，又荒废了专业塑造。

在坊间不是流行一句话吗，不在于你认识多少人，而在于多少人认识你，更在于多少人认可你。所以，无论是交朋友还是做商业伙伴，道理是一样的，能够产生信任与深度链接，并可能产生交易的，才是真实有效的资源。

从这个角度出发，律师的市场应该怎么做呢？我想简单谈谈我的认知。

一切在我

人脉要先向内求，个人能力与认知水平的提升、个人综合实力的填补永远是第一位的。当自己尚在一个较低层次的时候，所谓的资源与人脉是无效的。只有个人能力提升，能为别人提供有效的价值，能够着眼于解决别人的问题，才能吸引更多优秀的人关注你、结交你。

世界上可以影响他人的东西，无非是权力、财富、美貌与智慧，前三者如果说还有出身与运气的成分，那么智慧的增长则全靠自己。只要你踏实地经营自己，提升个人的能力与智识，就有逆袭机会。律师也一样，先夯实自己，塑造越来越优秀的专家形象，才有机会吸引更优秀的同道中人。

你我都是平凡人，如果我们资质平平怎么办？那就努力与有智慧的人在一起，辅助他、追随他，成为事业共同体的伙伴，在团队里成长。

请讲好平台故事

真正的销售高手，要对所在机构的所有信息及专业能力如数家珍，包括且不限于使命愿景、定位战略、发展历程、业务网络、服务业绩与案例、资质与资源、荣誉与品牌、网络与布局……只有深度地了解自己所在的平台，热爱所在的平台，才能在潜在客户面前完成整合式营销、饱和式营销、全员性营销。

但现实情况是，我们不少合伙人或团队有本位意识、部门主义，不太会借势发展。比如，参与招投标工作，没有集结律所整体性的优势，标书中只写明合伙人与助理的内部团队，没有跨团队整合的思维，也没用好律所的知识管理系统，在客户面前讲不好平台故事。

世界上最伟大的推销员乔·吉拉德说，我推销的不是一辆车，而是分享我对汽车的热爱。只有对行业与平台充满热爱，才会明白推销不是推销，而是一种价值分享。

每个人都要有一张人脉地图

人是社会性动物，在求学、做事、生活、社交中会主动或被动地形成一个自己的社会网络，形成一些强链接或弱链接。有时我们容易舍近求远，没有好好经营原有的圈层，既没有分类，也没有分层，混沌地、不分深浅地交往，往往效果不好。

分类、分层的目的是着眼于在不同层面，我们可以解决别人的问题。这个世界，你愿意麻烦我，我愿意帮助你，才能耦合成信任与合作。信任与影响力分层，是解决交易效率与成本问题的关键。

所以我说，优秀的律师即使不成为社交达人，至少要有社会关系网络编织的能力。古代学人，社会网络主要靠同乡、同窗、同僚。现代社会只要我们愿意付出，就可以在任何社会性组织中，勾连我们的资源与关系。如何甄别人脉呢？首要任务是不断更新与沉淀自己的人脉地图，及时整理归档，不断激活人脉档案。

学会交叉销售

自从我在 2014 年首先提出律所的内部交易市场后，大家越来越认同在平台内甚至行业内，合作的价值巨大，潜力巨大。我创办的上海瀛东律师事务所，连续八年在年会上公布律师内部交易的收入占比，表彰内部合作团队。

为什么要学会同行间的交叉销售？原因不外乎三个：

一是同行是接触客户需求最密切的人，而且由于有客户的信任关系，容易接受推荐。

二是术业有专攻，客户问题需要跨地域、跨专业、跨行业解决，这为不同特长的律师合作创造了互补需求。

三是因为职业共同体的关系，大部分同行爱惜自己的羽毛，合作诚信度、勤勉度有所提升。

所以，请珍惜身边的每一个同事，他们的资源也都是你的宝藏；请珍惜为你推荐客户的人，一个客户就意味着一个渠道的让渡；请勤勉尽责地服务于每个转介来的客户，因为这意味着信任的传递，更不能辜负。

从 4P 理论到全方位触点营销

我曾经用 4P 理论来研究总结传统领域的销售特点，4P 即 Product（产品）、Process（渠道）、Price（价格）及 Persuade（说服）。严格来说，这一结构模型同样适用于律师的业务销售。但是我通过观察客户决策模式，发现新客户在真的决策选择律所服务时，有着更不确定性、更复杂性或者更具偶然性的心理逻辑。

所以，我时常对人资团队讲，一个优秀人才进入一家律所工作，需要 18 个触点，才足以影响他的决策，若有一个点没有达到他的心理预期，可能他就不会来你这里就职。其实，新客户选择你，也需要全方位、立体性、周全地渗透他们对你的信任，我称之为"全触点式营销"。

有一次，我的合伙人邀请一家央企目标客户来律所考察，事后，央企的法务总监回馈说之所以最终选择我们律所，是因为除了专业过关外，现场有两件事令他肃然起敬，一是我们的党建文化是真抓实干而不是停留在墙上，二是我们投入几百万元在筹建中国律师博物馆，说明我们尊重行业历史，有行业使命感与社会责任担当。

这件事对我的触动很大，我对同事们讲，营销工作不只是在讲业务能力与案例业绩，也不只是拼谁的价格更低，因为在市场竞争白热化的情形下，大家都有的元素不构成你的竞争力。我们还要在接洽细节里体现客户关注的方方面面，做到"人有我优，人优我特"，体现差异化。

将优质客户当作一个行业渠道来开拓

很多青年律师感叹自己的业务开拓难。我往往开导说，从现有客户里去深度链接，挖掘机会，一个客户所在的行业、上下游、朋友圈，都是你深入做透的机会。

记得 2018 年我刚刚做律师，在网上偶然认识了"中华演出网"的老板田志辉，成为他的法律顾问。在服务过程中，我发现田老板服务的是二、三线娱乐明星的经纪业务，在全国举办各类音乐会。田老板也是一个热心人，把我介绍给诸多音乐领域的朋友，那时年轻，也对这个俊男靓女扎堆的行业充满着好奇，时常免费给他们提供点咨询，慢慢地，娱乐界成为我业务的主要来源。

用这种方法，2018 年我带团队从做第一个股权激励项目开始，认真做成一套模板与流程，举一反三地到创业企业讲股权战略课，一年做了几十场有偿无偿的培训，开辟了公众号"幸福股权"，与周晓林律师合作出版了畅销书《股权控制战略》，为团队奠定了一个公司治理业务的方向，坚持至今。

阿里巴巴首席战略官张鸣教授说过，真正的企业家，要有点、线、面、体的方法论，做一个点时，心中有线、面、体的格局，才能"春种一粒粟，秋收万颗子"。以客户需求为导向塑造服务产品，以市场能力构筑业务的增量。

品牌、平台、团队与流量

最高阶的营销，不是推销，而是让你的声誉带来品牌效应，通过品牌自动化营销。有品牌就有流量，有流量就有合作，有合作就会产生信任，从而牢固品牌力量。真正的行业大咖，既有业务深厚的基础，也有律所平台做支撑，还有核心团队做好中后台，形成优质业务的流量闭环。

　　这个话题虽然讲的是营销，但我需要声明的是，专业是业务开拓的基石，诚信尽责是基本的职业伦理，以客户满意为旨归的服务才是王道，专业与市场如硬币的两面，不可偏废、厚此薄彼。

前沿探讨：律所如何估值?

股份制治理律所，为什么要赋予律所一个估值？影响估值的主要因素有哪些？赋予律所估值后如何解决进入与退出的封闭式安排问题？这些问题不回答清楚，估计很多人仍然无法将律所科学改制。

回答以上三个问题，第一个不能回避的问题，就是律所是否具备独立的商业价值？我认为答案是肯定的。

律所不同于传统的公司，其是一类偏人合性的由法律服务业知识分子联合起来的组织，而非资合性的商业公司组织，它的全部商业价值除了财务指标之外，人才、客户、声誉、案例、资源、创新及其他无形资产都构成律所核心的竞争力，从而拥有独立的商业价值。

但是与一般的公司不同，律所的这种商业价值是很难用相对单一的财务 KPI 指标进行衡量的，中国已经出现年创收几十亿元的律师事务所，但依然很难用创收与利润对其进行独立评估，从而在资本市场上通过 ROI、利润与规模，给出一个 PE（市盈率）估值。

既然如此，那么第一个问题来了，如果不是为了外部市场，为什么律所需要一个估值呢？

这是因为，估值是产权界定与交易的主要参照指标。当前行业内谈律所的性质问题时，一般会用提成制、合伙制与公司制（计点制）三分法来区分。其实，这只是更多地从业务分配层面上进行讨论。

这种简单粗暴的分类，没有从根本上解决两个问题：一是律所的产权实质上的最终归属，二是产权的传承与价值传递问题。

律所与传统公司面临的挑战，在当下其实都是相似的，即律所持续稳定的增长、律所的代际传承问题。只不过，现代商业公司基本上都是围绕其所有权、控制权、管理权、收益权等相关权利，以股权为核心利益次第展开，而律所则更多的是围绕人本身的工作安排。

近来我注意到，有几家律所在推全员合伙制，这是一个非常好的方向，某律所掌门人说，这牵涉"代际正义"的命题，可谓有前瞻性。通俗地讲，即如何通过律所产权治理，保障合伙人的有序进入，激励所有员工，实现良性退出，完成律所的传承。

翻看《中华人民共和国律师法》关于律师事务所的设立与运营的条文，对律所产权结构与治理结构，除了提到一句"设立合伙律师事务所的，还应当提交合伙协议"，对于合伙协议是参照《中华人民共和国合伙企业法》，还是遵循《中华人民共和国公司法》，语焉不详。

从立法角度上看，律师事务所的产权与治理没有明确的规范参照。因此，在律所合伙人的权利义务，合伙人会议的职责与议事规范，合伙人的收益分配与债务承担方式，合伙人的入伙、退伙及除名条件和程序，合伙人争议的解决方法和程序等事关律所产权科学治理的事宜上，立法给合伙人留下了巨大的自治空间。

但现实情况是，律师事务所的治理结构并没有因为自治而变得科学与合理，突出表现在以下方面：合伙人产权结构不合理、议事机制设立与运营不完善不科学、合伙人缺少退出机制安排、律所缺少战略规划与推动。而且，由此衍生出了一系列的矛盾与争端，令人唏嘘。

我一直在思考一个困扰行业发展的问题：律师是中国的精英阶层，受过专业的法学训练，情商智商皆佳，又见多识广，整天为公司客户出谋划策、指点迷津，但是为什么就对自身组织建设思考不多，令每年行业内合伙制律所都有不少治理事件产生呢？

我认为律所产权问题是核心根源，除了分配之外，律所产权的动态调整是发展基石，且有一定的估值后，赋予每股一定价格，最终推动产权在律所内部的交易。

以股份制精神筹建一家以公司运营为特征的律所，或者以股份制精神重组一家律所，就是把 100% 的股权，结合其创收、规模、声誉、增长、利润等，赋予其一个估值金额，从而对相关主体做合理的架构与安排，在创始股东、新晋股东、管理运营层等利益相关主体中，架设以决策权、管理权、分红权、监督权为特征的科学产权结构，最终实现律所管理水平和服务质量不断提升，律所平台品牌不断做大做强。

第二个问题，既然估值是产权交易的基石，那么如何赋予律所一个合理的估值呢？从我为几家律所股改的经验来看，估值要考虑的加权要素有以下九点。

（1）原始合伙人的初始投资：启动一家律所，从选址装修、开业运营等第一笔开支，到实现正向现金流，创始人不用再投入为止，总的投入金额，这个是重要的参照。比如原始投资人民币 1000 万元，可以将 1000 万元作为分项参数。

（2）律所历史：每多一年的运营，可以为其增加一定的估值。比如律所年份每增长一年，可以给予 100 万元的基础加权。

（3）创收与利润：过去三年或五年律所的平均创收与利润情况，这代表着过去律所整体财务实力。比如，2019 年每创收 1 亿元，可以给予 1000 万元的加权，同时根据利润率做上下调整。

（4）增长率：包括创收额、利润、人数规模、人均创收、办公面积等增长率都可以纳入整体增长率贡献额度中。这个整体增长率，可以乘以一个基础估值，作为估值标准。比如年加权增长 20%，可以在基础估值 1000 万元以上算出 200 万元的估值溢价。

（5）核心合伙人的人数与投资回报率（ROI）：核心合伙人是律所的发展

基石，人员的规模与质量，代表着律所发展的稳定性，也预示着律所的发展后劲。这个指标可以自动设定估值，比如每增加一个计点合伙人，就增加 200 万元的估值基数。

（6）声誉情况：包括但不限于第三方机构赋予的荣誉、奖励以及搜索指数与媒体热度情况。这个也可以基于合伙人的共识单独计点，比如获得司法部优秀律师事务所，可以增加 500 万元的估值基数，等等。

（7）客户情况：机构大客户的比例以及客户平均费率，预示着律所的整体行业竞争力与收益情况，也可以统计单一业务案例数在整个行业的占有率。比如，律所 50 万元以上年收费的客户在总客户数中占比，每增加 5 个百分点，可以增加 100 万元的估值基数。

（8）选育人才：过去几年律所在 985 高校或知名法学院招募毕业生的情况，这意味着律所发展的潜力，因为青年律师的培养决定着律所的未来。比如，每成功聘留一个优秀毕业生，就增加估值基数 50 万元。

（9）其他项：只要合伙人会议同意将其纳入估值参照的因素，都可以纳入。甚至对于律所创新能力与整体竞争力，都可以单一赋予其价值。

在确定了律所的估值基本项后，下一步的工作就是根据大家形成共识的估值要素，为律所算出一个总的估值。根据以上的算法，模拟一家成立五年的律所，2019 年创收 1 亿元，五年的复合增长率 20%，5 个核心合伙人，获得司法部优秀律所的奖励，有 20% 的机构客户超过 50 万元收入，五年整体留用优秀毕业生 10 名，其他加权项 600 万元，因此，估值总额：

估值总额＝初始投资 1000 万元＋历史年限 500 万元＋创收 1000 万元＋增长率 1000 万元＋核心合伙人 1000 万元＋声誉情况 500 万元＋客户情况 400 万元＋选育人才 500 万元＋其他 600 万元 =6500 万元

值得指出的是，估值就像计点分配一样，是一个合意的结果，没有绝对的公平，只要全体合伙人达成共识，就能形成估值，同时，对于加权比例或者基础分值的调整，大家持开放心态即可。

第三个问题，估值之后的股权整体安排怎么做？

律所的估值，是为律所更好地发展募集资金，保障合伙人的有序晋升，打破合伙人体制的封闭式安排问题，也最终通过全员合伙制，打造出共有、共享、共治的律所产权生态。

有五个重要的点需要考虑：

1. 股权的切割与分配

将律所的股权分为 100 个点，可以百分比方式继续分割。比如 1% 的股权，若估值 5000 万元，现金估值就是 50 万元，依次类推。可以设定不同层级的合伙人或员工的出资限额。比如普通律师出资额度 1 万元起，原则上非合伙人出资额度不超过 20 万元。合伙人出资额度 10 万元起，最高不超过100 万元。

2. 股权激励方法

考虑到员工与合伙人的历史贡献与未来成长性，可以使用期权机制，拿出一定份额，对现有员工进行免费配股。传统公司的员工激励方法完全可以借鉴股权激励的十二定法，即定目标、定方法、定时间、定对象、定数量、定来源、定性质、定条件、定价格、定权利、定合同、定规则。

比如，合伙人份额按照合伙人入伙时间及合伙人一、二、三级别计算，享受每年 3 万元、2 万元、1 万元股权，所龄部分另外累加。执业律师和其他工作人员入职每满一年的可以享受一年折合 1 万元份额，依次累加。

就业绩目标做一些达成奖励，合伙人、执业律师和其他工作人员上年度业绩每满 100 万元的，可以享受每 100 万元折合 1 万元份额，依次累加。

另外，新引进人员如有特殊才能的，作为特殊激励政策可以赠送一定数量的份额；年度做出特殊贡献的有关人员可以奖励一定数量的份额。

由于律所形成了议、决、行、监的管理体制，可以就管理专业委员会的管理股进行期权奖励，如管理委员会主任每年按照 50 万元股权予以激励，副主任按照 30 万元股权予以激励。

3. 股份份额的购买方法

新晋的经过考核的员工与合伙人，大家根据自愿原则可以使用现金购买律所的股权。根据估值对应相应价格，比如 5000 万元估值的律所，50 万元可以购买 1% 的股份，而这 1% 的点可以由老股东转让，也可以通过定增获得，不同之处在于：老股东转让股本金由转让股东获得，而定增入股，大家同比例稀释股权，所受转让价款计入律所的资本公积。

比如，我在为一家律所设计的股权方案中，就定增环节加入一条，因前期股份系由创始合伙人个人转让，当创始人股东股份转让低于 33% 时，须以定增方式做好新股东的引进，全体股东的股份按比例同步稀释。

4. 股份的分红

股份的分红一定是作为律所剩余利润的最后一次分配与结算，即在给予合伙人及律师的第一次分配、第二次分配，扣除律所共担的成本以及管理费用，且扣除运营团队的工资与奖金，提取完律所的公共发展基金之后。可以将律所的最终分红锁定一个最高限度和一个最低限度，以保障律所的大部分利润用于律所人才建设与公共积累，保障律所的可持续发展。

5. 律所份额的封闭安排与退出机制

一般情况下，所龄、伙龄、赠送、业绩奖励等股份是不能转让和退资的，只有现金购买的份额才是可内部转让和退资的。

律所股份具有很强的人身依附性，原则上不能继承，也不能转让给律所之外的人，因此，它的封闭式安排就显得非常重要。比如，对于获得奖励股权的员工，在律所需有三年的服务期。不满该期限离职的，股权收回，不给予任何补偿。超出三年的，考虑以一定折扣回收股权。而对于现金购买股权的，如需退出，在满足一定的除权条件下，可由受让方退还缴纳现金的本金。

考虑到律所份额的不可继承性，同时也要给予为律所做出长期贡献的老合伙人或老员工一定的价值补偿，保障代际公平传递。比如，可以设定女性55周岁、男性60周岁，满足持股期间条件的，可以一次性按照律所现值，由其他新晋合伙人受让股权份额，若无人购买，则由律所按照估值回收，放入股权池，奖励新晋合伙人或员工。

当然，股份的锁定与退出，可以附加诸多条件细项，此处不再赘述。

所以，赋予律所一定估值，并非仅为了瓜分律所的利润，还可以为律所的持续发展创造制度基础。可以用五个有利于，判断律所在股份制条件下估值安排的成功与否。那就是：是否有利于解决产权清晰的问题；是否有利于解决产权流转的问题；是否有利于解决老股东退出的问题；是否有利于律所职业经理制度的形成；是否有利于一体化律所的形成。

在股份制结构下，对于退职或者退休的股东合伙人，约定一定的估值，做好股权回赎机制，在封闭式股权安排情形下，给予老股东溢价补偿，打造一家真正从产权上动态调整又公平公正对待退伙人员的机制，律所不兴旺都难。

历史上有很多品牌律所，曾经在行业内外有口皆碑，有很高的市场占有率，创始人也令人尊敬，但是随着创始人的衰老或退休，律所直线走下坡路或者退出行业舞台，令人惋惜，核心原因就是律所的传承问题缺少产权制度安排。也就是说，股份制的退出安排可以有效解决因为服务能力或者年龄、身体原因，不得不退出律所的创始人的补偿机制问题。当然，前提是这家律所有品牌知名度及公共积累，且有相应的制度安排。

中国文化，重聚不重散，重进不重退，重合伙不重散伙，这一点也传导到律所合伙文化中。而按照股份制治理，大家对于合伙人退出的程序、情形、补偿机制、决策机制，就应明确约定。否则，一旦有矛盾，容易遵循丛林法则损不足以奉有余，不能心平气和地退出。

向喜剧公司学习平台运营之道

受邀参加了一场新则的线上私董会，分享的嘉宾之一是北京知名的喜剧内容公司联合创始人 Icy。Icy 作为单立人喜剧幕后的操盘者，别开生面地分享了喜剧行业的模式喜剧剧本的创作过程和喜剧演员的培养过程。

余朋铭先生邀请单立人创始人来为律所掌门人分享，可谓用心良苦。近两年，行业对于一体化的理论与实践，风潮渐起。同为"手艺人"，律师与演员的修养何其相似；律所与经纪公司作为平台，其运营逻辑又特别相似。"他山之石，可以攻玉。"

出于对内容创业的偏爱，也恰好听说北京的同事肖云成律师正为单立人提供常年法律顾问服务，全程听了 Icy 一上午真诚且毫无保留的分享。

Icy 在讲到"人、产品与公司，谁成就了谁"这样的话题时，引起律所主任们的共鸣。作为经纪平台，是直接售卖有能力的喜剧人，还是让有能力的人做出好内容、好产品？

她对比了笑果文化与单立人的模式，前者利用大平台的流量资源、品牌资源、财力资源等公司模式，通过选秀模式"横向招募"，牛人来归。后者则是"一人力小，众人拾柴，彼此成就"的合伙人模式。

两种不同模式，决定了经纪公司与喜剧演员的互动模式，也决定了各自专注的方向不同。用 Icy 的话讲，单立人的定位，在于不以人为产品，不以特定形态的产品为秘籍，而是着重适配于各种市场需求的原生内容。单立人旨在集聚一众可切磋的发烧友同僚，让一群有原创才华、自由自主，同时又自驱自律的人，能够自己长出来。

在合伙人关系上，单立人像极了合伙制的律所，来去相对自由，原来的经纪合同都是小律师身份的小鹿草拟的，甚至没有约定违约条款。

在肖云成律师看来，这两年小鹿、徐志胜等顶流的台柱先后流失或解约，好像公司没有受到大的影响，或者说没有伤到单立人的元气，公司继续笼络了一大批喜剧新秀，这可能就是模式的生命力。肖律师说，这一点对律所的人才培养机制特别有借鉴作用。

笑果文化是直接追求商业化，融资了一大笔钱，对超级 IP 的依赖较强，做得也非常成功。由于在上海有脱口秀的阵地，形成了人才虹吸效应，吸引了更多北京人才南下。不过，它同样面临人员流失的问题，可能对笑果文化的影响就比较明显。

Icy 认为，无论是哪种模式，从产品交付的过程与呈现的结果来看，喜剧演员是离不开平台的导演、策划、包装、协调等相关工作的，一个优秀的脱口秀演员的台前幕后，需要整体团队的配合。当然，不得不面对的一个现实，就是经纪公司再强大，也无法控制一个超级演员独立门户，自成一体，自建生态。

在人才是核心竞争要素的喜剧行业，无论是公司制的笑果文化，还是合伙制的单立人，都不得不面对优秀人才竞争问题。会后我在网上看到一篇有关笑果文化的深度文章《"笑果"吞不掉"单立人"》，其中有一段话令我印象深刻。

石介甫（行业内称石老板）将单立人形容为"一只公鸡"，笑果则是"一群狮子"。关于"狮子"与"公鸡"如何度过了过去的五年，石老板这样描述："过往五年，我们都因为有了彼此而受惠无穷，受益无穷。"

同时，商业世界中最基本的游戏规则用现实告诉单立人，面对笑果文化，这其实是一场生存游戏——一群淡泊自甘的理想主义者，如何在名利与资本的双重夹击下不被吞没。

Icy 的分享，以及两位一体化律所实践者何佳伟与郑玮的分享，引起了我对律所平台与律师关系互动的深入反思，是选择提成制、合伙制，还是选择很理想而现实更艰难的一体化模式，我有以下观点：

（1）任何一种运营模式都有其现实的合理性，关键看创始人与合伙人的定位选择。

（2）平台运营的核心逻辑，就是赋能合伙人创造价值而不是更好地榨取剩余利润价值。

（3）创始人的价值观、使命、愿景与制度是共识基石，利益分享模式是结果不是前提。

（4）要重视超级个体的商业价值，可以量身定做提供服务，前提是不违背公司核心价值观。

（5）要承认管理出效益，在知识型行业，不能低估平台运营者的价值，再牛的专业知识分子也要放下对运营中后台的高傲。

（6）从成本结构看平台运营，凡产出更多溢价，必须投入更多成本。公共投入多寡，一看共识，二看投入产出效益。

（7）以市场与客户需求为导向，倒推服务模式。以如何更好地服务于客户作为检验模式的第一原理，以奋斗者合伙人为本作为第二原理，两者冲突时，以第一原理为准。（何佳伟）

（8）合伙人组织建设的核心是无限地趋于合众为一，倡导"放下小我，成就大我"。但倡导有限付出，不悖逆常识与人性。

（9）在纵向一体化上，可以使用价值观、财务、制度、管理、知识、培训、数字化、人才、客户等，不是线性关系，而是组合拳；不是平均用力，而是有先后顺序。

（10）一体化是分层次、分步骤，平衡理想与务实的无限游戏，先易后难，循序渐进。做好试验田，打好样板，发挥榜样的带动作用。

（11）借鉴欧美几百年成熟的模式经验与教训，结合中国律师行业当下与未来的情境，不能照抄照搬。同时，可以借鉴异业的做法。

最后，我想用刘慈欣的小说《三体》中一句非常经典的句子结尾，"弱小和无知不是生存的障碍，傲慢才是"。

中国咨询业特别是律师行业，发展40多年，取得了不少成绩，但是我们离国际最优秀的同行还有很长的路要走，务必要谦虚、开放、好学，才能适应未来竞争激烈的不确定性环境。

知识型行业营销是个伪命题吗?

上海办公室邀请到了阿里集团的高级法务经理给团队做业务培训,分享的主题是法务眼中的律师,以客户视角剖析律师业务的开拓,激发了大家的兴趣。

行业大咖虹桥正翰的倪伟主任关于律师营销的一篇文章引起了普遍关注,文章的观点我非常认同,他认为产品驱动力强才是硬道理,打磨出比对手更好的产品才能构成碾压式的竞争力,而营销驱动型企业,很难将产品做到极致。

以上两件事,促使我认真思考律师营销的话题,以下是我对这个话题的碎片化思考。

首先要厘清营销的概念

行业内的大咖或者资深律师,一提到营销二字,往往内心里充满着嫌弃或反感。

其实,营销从管理学角度而言是一个中性词,经典教材对其的定义是,企业发现或发掘消费者需求,让消费者了解该产品进而购买该产品的过程。市场营销是在创造、沟通、传播和交换产品中,为客户、合作伙伴以及整个社会带来经济价值的活动、过程与体系。

所以,从沟通与传播的角度看,你的好需要被看见,就像刘润演讲中说的"你能变好，一定是有人希望你变好"，只有价值被挖掘、传递，你的才华才有用武之地。

营销与品牌是什么关系？

我们说一个人口碑好，有声誉，往往是极高的评价，因为品牌相对于营销，更注重人们对于企业整体性、长期性、无形化的一种认知、感受与认同。有一句话叫，品牌让营销变得多余。

从两者之间关系的角度看，两者是相辅相成的，一个是主动行为的，另一个是基于结果沉淀的；一个是针对当下的，另一个是源于历史的；一个是基于关键动作，另一个是基于整体性系统整合。前者是形成后者的非充分条件，而后者可以有效推动前者的落地。

所以，我们说这家律所或者律师很有品牌，往往不是指他们市场营销做得好，而是指他们历史积淀的服务、业绩、人才与客户，形成的行业内外评价。这通过单一的市场营销是做不到的。

知识型行业的营销与其他行业的差异

古人讲，师不顺路，医不叩门。律师行业与教师和医生一样，是专业型、知识型行业。我确实没有见到过知名学校的优秀教师或三甲医院的资深大夫，主动进行硬广告营销。当然，事实上这类职业做好之后也不会缺少业务。

那么为什么有这种差异呢？因为律师行业的本质与底层逻辑，在于它是一个以经验与技能为基础的行业，交付方式伴随着整个服务过程，非专业人士很难可视化地观察优劣，有一定的行业壁垒。另外，律师所从事的是一个强信任性业务，以信托与代理为特征，就意味着有信息不对称、信任不传递的特征，那么，单纯的营销是无法建立这一信任关系的。

所以，这个行业更强调服务性营销，若是靠个体主动上门硬性推广式营销，往往会被人评价为不顾行业的体面与尊严。

专业与营销、品牌的关系

专业的本质是解决客户问题，营销与品牌本质上是专业能力的传播与影响力建设。从一定程度上讲，律师专业如果没有品牌传播是很可惜的，因为问题的解决方案有相通性和可迁移性。只要你的专业能够承载你的盛名，品牌与营销本身没有值得指摘的，它们就像飞机的两翼，只有一侧机翼是很难飞向天空的。

这些年为什么欧美的评级机构在中国律所赚得盆满钵满？本质上它们抓住了律师行业信息不对称、信任不传递的特征，通过有限披露客户服务信息与业绩，从而获得推荐排名。

因为客户可能认可这个第三方品牌排名，又反过来加强了大家对于评级的热情与投入。不过，现在行业评级机构有些泛滥与不公正，是西方强势文化的传统路数对中国法律服务行业的一次"殖民"，是否会受到主管机构的监管，大家也在拭目以待。

从客户视角看律师的营销

阿里集团的高级法务经理分享了大集团、大公司的法务部门对聘用潜在外部合作律师的评价标准。他给出了一个对律师的评价考量因素维度：平台品牌、专业性、时效性、行业水平、资源性、前瞻性。从能力象限看，包括：专业能力、商业思维与能力、问题分析与解决能力、团队领导力和沟通与影响力。

同时，关于专业性与其他要素的重要程度有一组公式：专业性＞资源性（偶尔地域性资源落地亦重要）；专业性＞时效性（偶尔时效更重要）；产品力＞

营销力。他推崇服务性营销，认为客户体验尤其重要，律师从服务满意到超越预期到感动客户，努力做到让客户感动的律师，更能赢得未来。

由此可以看到，To B（面向企业）的法律服务，特别对大 B 的法律服务，营销工作被降到非常次要的位置，大家比拼的是综合竞争实力，靠营销只能解决入门或者线索问题，在影响客户决策层面，则需要平台品牌、专业性、时效性、行业水位、资源性、前瞻性、业绩案例、性价比等全部要素的比拼。

另外，即使针对 To B 的营销，除了解 Why（即客户为什么要聘用你），还要搞清楚 Who（谁是关键决策人）、When（什么时机介入客户的营销）、Where（从客户哪个方面的需求出发营销），以及 How（如何塑造机构或个人的定位与差异化）。

我认为，即使是营销也是以专业为前提的整合性营销、系统性营销。古代医药行业有句老话"修合无人见，存心有天知"，讲的是品牌塑造的根本法则，一是专业，二是诚信。律师行业亦如此，与同人们共勉。

从深圳同行舆情事件看危机公关的四原则

如果你是一家律所的负责人，遇到自己律所的律师打人，而且打的是法院工作人员，引起了一波舆论，如何妥善处理？不只是律所，任何商业组织遇到这类敏感事件，都可能构成公共危机。

2023 年 1 月 8 日，两份关于深圳某律所律师蒋某袭击龙岗区人民法院工作人员的情况报告在网络流传，引发律师行业内外的热议，后警方通报：打人者已被刑拘。

《关于深圳蒋某律师舆情事件通报》也流传开来，疑为涉事律所内部通报。通报称，在前述情况报告流传后，该所第一时间向总所报告了该事件，并成立了舆情处理小组。

在社交媒体和网络发达的时代，一些很小的事件都会冲击组织或个人的形象，构成一次危机事件，让事情变得更糟。特别是组织规模大了，组织里的任何人，哪怕是普通员工的一次性过失，若处理不好，都会酿成合规风险事件。

12 年前，我在复旦管理学院读工商管理硕士，系统学习了知名危机管理专家鲍勇剑教授的危机管理课程，也在上海交大学习过危机管理课程。因为职业关系，也注意观察各种商业组织在处理危机方面出现的各类问题，协助几家企业应对过公共危机事件。

现实令人沮丧的是，很多企业在危机处理过程中，遇到的挑战巨大，鲜有成功的，主要原因有以下三个：

第一，对危机的认知与心态不够好，要不重视程度不够，要不存有侥幸心理。无论你再怎么控制，其实危机发生的概率都会比你想象得要高。坏消息传递的广度、影响的深度，一般会超过你的预料。

只要危机发生，事态就有不可逆、不可控的可能性。因为媒体或自媒体可能会不公正地披露危机具体事件，甚至会有利益相关方恶意炒作。

第二，危机处理得不够坦诚。人在面临丑闻时，会倾向于遮蔽信息，将秘密扼杀在摇篮之中，甚至期望别人闭口或者看不见，不去关注评论组织是如此。这个世界上不存在秘密之类的事情，只要被人关注，就像水中涟漪，层层荡开，直到最后一个水波平静，事实细节完全被揭露，人们探知真相的心才会停歇。

所以，遇到危机，一定要敢于面对，将真实情况尽可能披露，诚意道歉，且要真诚地解决。

第三，处理危机方法不当，主要是缺少公司人事安排与工作流程的储备与预演。大部分公司心存侥幸，觉得遇到危机事件是非常规的、小概率的，没有预设管理措施，也没有相应培养好这方面的主管，甚至公司的合规文化本来就非常弱。危机过后，浪费一场危机带来的机遇，没有进行业务流程、人事机制、公共关系与合规风控方面的变革。

危机管理的核心在于预防为先。既然危机不可避免地会发生，那么，身处危机时处理的原则与方法就特别重要。

我所掌握的危机管理的原则有以下四条。

1. 同理心

比如，提到开头的行业事件，如果我是律所的管委会成员，会建议，第一时间带着诚意，看望被打伤的人民法院工作人员，而不止于简单地通报事件发生经过。同理心是一件稀缺品，很多人犯错后，第一时间往往诿过于他人，或者寻找借口为自己找台阶。这种情况下，往往会引发第二次舆情。

2. 承诺

公正地对待一起危机事件，真诚是核心原则，而最重要的真诚就是做出承诺并遵照执行。语言相比于行动是没有力量的。比如，律所遇到危机事件后，要承诺进行周全的调查，进行整改，加强人员教育并公之于众。

3. 专业

在整个危机公关中，观点与表达温和而坚定，不情绪化，更不能诉诸文化冲突、地域之争、性别差异、官民对立的偏狭视角，而是在正当程序、表达自由、极度开放与透明的话语体系中展开，以法律手段寻求正当利益，彰显专业态度。比如，可以找第三方权威媒体披露法院立案难的现实情况，部分获得大众的谅解与同情。

4. 透明度

要及时与利益相关方共享处理事件的数据，同步信息容易消除媒体带来的误解。最重要的是，还要向主管部门、监督部门汇报处理的进展，提交相关资料。比如寻找律协或司法局介入，帮助发声，推动问题的解决并消除给行业带来的负面影响。

另外，最重要的一件事，是公共危机管理要明确我们要保护的核心利益是什么？要保护的利益相关者是谁，从而坚定地站在核心利益者一边。

比如，律所遇到行业危机事件，核心利益是保护组织的声誉，而不是简单地站在一方。为什么呢？因为相比于客户、人才、业务、收入等，律所的声誉才是更重要的。一家律所被信任、被推荐，主要依靠的是它的声誉。而利益相关者就是对律所声誉有直接影响的主体，他们包括公检法、司法主管部门、律协、同行、同事，最终会影响到客户的信任。

相信企业只要坚定地站在用户与核心利益这一边，就一定能转危为安。做难的事必有所得，即使短暂失去，只要拥有核心声誉，永远有东山再起的机会。

瀛和六年战略复盘：16 个"先与后"

在瀛和 2019 年的年会上，百余位全国主任参会，会议取得了很多突破。其中一项是，决定由我牵头成立瀛和研究院，重点研究瀛和发展的七大战略问题，借助瀛和研究院，我将集合所内外专家，共同为瀛和发展把脉，推动瀛和战略落地执行。

回国落地双流机场，与四川瀛领禾石律师事务所的核心团队做了短暂交流，其间提到了律所做大做强的问题。我结合过去十年的管理与运营经验，零碎地讲了战略的方法论。其中，方法论的一个核心要点，就是分清做事的先后顺序，这不但意味着先做什么，后做什么；也意味着做什么，舍弃什么。在回程飞机上，我把交流要点做了扩展，即 16 个"先与后"。

先认知，后行动

私下接触的很多中小律所创始人或主任都后悔自己稀里糊涂地就创办了一家律所，若让他们重来一次，多半一定会慎重考虑当初的决策。

取势、明道、优术。对行业发展的外部环境、竞争格局、地域特点，个人的格局、素质、资源、能力清单，创始人是否了然于胸？许多创始人其实还没有想清楚，自己为什么要做一家有品质的律所，而不是仅仅满足于做一个好律师。

任何一个关键问题，没有想清楚，就没有目标与方向，所有风皆为逆风。

过去十年，我们认为中国律师行业随着市场化的深化，将以规模化、专业化、规范化、品牌化为主导，结果被中国做大做强的律所所验证。

未来十年，中国法律服务市场将发生重大变革，平台化、数字化、产品化、一体化，是律所战略发展的核心趋势，因此，瀛和的战略一定是围绕这一目标展开的。

同时，我们创始合伙人对自己也要有清晰的认识，战略放弃具体的法律业务，专注于平台搭建与运维，带好运营团队，做好管理与赋能。

先梦想，后战略

理想、行动、坚持。

刚开始创办瀛和时，我一直认为我们是马斯洛需求理论倒置的人在做一桩事业，即梦想通过创始团队的努力，优化与改变行业格局。有人嘲笑我们：你们两手空空，一切从零开始，就敢妄言改变世界。

其实，《人类简史》的作者尤瓦尔·赫拉利说过，人类有一个独特的本领就是靠想象力构建出来一个新世界，并打破一个旧秩序。有人因为看见才相信，有人却因为相信才看见。古人说，"取法其上，得乎其中；取法其中，得乎其下"。大梦想才能吸引最优秀的人跟你同行，才能有感召力与吸引力。

没有大梦想的人怎么办？一定要追随比自己梦想大的人干事，与智者、仁者、狠人在一块做事业，因为他们关心的事情一定不是你的层面所能关照到的。你可以从差序格局中获得更多的资源互换。否则，整日与跟你层次差不多的人待在一起，上升空间就堪忧了。

先战略，后执行

观察国内外，大凡优秀的律所，在发展过程中，都会做出清晰妥当的战略安排。

在哈佛领导力班上，我们重点考察了国内几家优秀律所的战略安排，并且他们十年如一日地坚持，如方达——永远领先一个身位的战略；天同——高端争议解决品牌的战略；中伦——半合伙制半公司化组织战略；大成——全球布局战略。

战略目标至少包括四个要素：清晰明确、战略支点、战略的十倍速、战略引擎。而哈佛领导力的教授说，战略的拟定要遵循四个层次：

（1）足够清晰明确，且内外部的人都知晓。

（2）有所舍弃。只服务于特定领域与特定客户，且最重要的是不做什么。

（3）一以贯之。不因市场情况短期变动而随意变动，不以业务好坏为变动依据。

（4）协调统一。市场、组织、人员、薪酬、营销、文化等协调一致，禁止反言。

先选人，后做事

无论做什么事业，人永远是第一要素，没有第二。

律所更是如此，人才是律所发展的第一核心资源。

很多律所领导者虽然明白这个道理，但由于忙于俗务，在选人、用人方面，要么缺乏精力与耐心，要么缺乏识人的经验与技能。他们往往把自己搞得很强，但对于引领自己的、与自己同行的、坚定追随自己的三类人，并没有配全就开始上路，结果平台做得一般般。

先文化，后制度

其他的东西容易效仿，组织的文化是最难被模仿的。所以在律所里，大部分时间软性的文化超越了制度安排，可以把人凝聚起来。

什么是文化？它看不见、摸不着，如水之于鱼，无时无刻不存在，但也许感受不到。这种讨论方式很让人喜欢。正确的文化关乎我们的关键决定、价值观、战略。

如果组织文化很弱势，则很危险。若把人凝聚的主要方法是基于利益考量，一有风吹草动，就易分崩离析。文化使律所充满韧性、具有超级稳定性。

很多人问我，律所的价值观如何形成，其实这个问题既复杂又简单。一般来说，初建团队的价值观，一定就是创始人信奉与贯彻的价值观，影响的人多了，慢慢就形成了独特的价值观。

先做大，后做强

中国的文化有一个特点，反映到商业中，就是大就好，大就美。虽然做大未必就是做强，但要做强必须做大。

其实，在无数次的演讲中，我都说过做大规模的核心在于人才的集聚。历史上谁能集聚如过江之鲫的人才，谁就能夺得天下。

下面是曹操与袁绍的认知差异：

初，绍与操共起兵，

绍问公曰："若事不辑，则方面何所可据？"

公曰："足下意以为何如？"

绍曰："吾南据河，北阻燕、代，兼戎狄之众，南向以争天下，庶可以济乎？"

公曰："吾任天下之智力，以道御之，无所不可。"

——《三国志》

我认为中国律师行业做大做强的趋势在未来十年仍然有生命力，再过十年则不一定适用。因为随着科技驱动颠覆、内容为王、个人价值的极度释放，团队的形态与组织方式，一定会发生重大变革。

先民主，后集中

凡我观察，律所的管理弊病，往往是两个极端：一个是"一言堂"的创始人威权政治，另一个是泛民主化的管理。

真正好的律所管理体制，一定是在所有权、收益权、人事权、监督权、控制权、退出权等方面，有一套良好的运作机制，既有精神领袖与强势掌门人，同时又辅以一系列组织安排，让更多的人才参与到律所的共创、共建、共享之中。

中国文化传统决定了在创业初期，我们的管理体制一定是民主集中制的科学安排。大部分情况下，创始人保证跟多数人商量，少数人拍板决策。

瀛和创业之初，我们七位创始人因为分管不同板块与平台，为避免互相掣肘，就有个黄金法则：运营者持大股，同时，谁负责运营谁说了算，谁说了算由谁担责！这让平台一下子迸发了巨大活力，奠定了发展的制度基石。

先共利，后分责

律师大部分是风险偏好较弱的人，在这种情况下团结人做事，一定要有一个兜底的人承担风险，同时，有了利益也愿意跟大部分人分享。在这种格局下，创始人可做到利必共，谋必寡，快速做大做强事业，减少掣肘。

当然，一个平台最终要形成责、权、利、险、能五位一体的科学治理结构，才能基业长青。

瀛和有许多律所创始人，在建所之初，无不是拍着胸脯说，如果律所亏本了算我的，如果赚钱大家分，吸引了一批优秀人才加入。待律所有起色或盈利，又愿意把个人的份额转让给相关利益方。所谓人聚财散，人散财聚，古今中外，概莫能外。

先对标，后追赶

定位理论在中国风行了 20 年，用在律所发展上仍然不过时。定位就是找到律所在行业内的差异化、独特性、竞争力。

中国律师行业制度恢复发展才 40 多年，我们仍然是 Baby Firm（幼年律所，意指处于发展期的律所）。做定位的最好方式就是对标，比如你想做某项业务或平台，得看看你所在区域或者中国乃至全球，相关领域相关组织，哪些人已经做得最好，哪些对标者是你近期、中期、远期的目标。

见贤思齐，抓两头带中间，这些也是有效的管理方法论。

先链接，后赋能

数字瀛和在过去六年时间，以不求所有、不求所在、但求所用的互联网精神，采取联邦制模式，搭建了一个遍布国内一、二、三线城市的成员所网络，同时慢慢把触角伸向海外。

我们发现，先把大家链接成朋友圈，往往是最有效率的方式。我时常与地方一些律所主任交流，地方所为什么要加全国性的律师网络？大家都是所在地域的"发电机"，之前是自给自足，"电力"自产自销，丰俭不均。并网之后，全国的"电流"可以流通使用，削峰填谷，供给端与需求端可以得到有效平衡。

瀛和这种模式，产权独立、风险隔离、相互链接、相互赋能，有着总分所独特的发展弹性，也有不可兼得的弱势。但毕竟一个团队单独走太过孤独，大家一起走，才能走得更远。可谓兄弟爬山，各自努力，同时，又守望相助，互为倚柱。

先结构，后功能

一粒沙中见世界，麻雀虽小五脏俱全，律所也一样。

按照结构功能主义哲学分析方法，把律所看成一个结构，那么，用功能条件为结构做好支撑。有什么样的结构就会有什么样的功能，有相应的功能才能推动结构的科学化、有效性。比如一个好的治理结构必须满足议、决、行、监的生态构建，责、权、利、险、能的有效匹配。

良好的律所生态系统，为了保证自身的维持和存在，必须设计一种结构，从而满足相应功能条件：

一是适应。确保律所从内外部环境中获得生存与发展所需资源，并在律所内加以有效分配。

二是目标达到。设计一种利益共同体结构，做好产权与分配安排，并能调动资源和引导律所成员去实现目标。

三是整合。使律所的各个团队、各个成员有效协同，成为一个整体。

四是潜在价值系统。维持律所的社会共同价值观，并使其在系统内保持制度化，内外兼修，表里如一。

数字瀛和是一家在结构上舍得投入的律所。举一个小例子，在成立上海、北京、沈阳、厦门所之初，我们便先搭建了超过律师人数数倍的人资、品牌、市场、运营、财务、技术、行政、布局团队，我们认为既然是运营驱动律所，一定要在运营结构上着力。

先专业，后品牌

N 年前，一家律所或律师只要常上电台、电视台，多做广告，有知名度就可以有接不完的案件，甚至愿意在百度打广告付费的律师，都有接不完的业务。这个时代已经一去不复返了。

在新媒体、大数据、内容为王的传播新格局下，客户更容易获取对律师的评价，树立品牌的核心在于拥有良好的专业功底，"万金油"式的律师将不会得到市场青睐。

律师作为一个实践理性、知识技能高密集型行业，无论法律的标准化、流程化、产品化如何推进，为客户创造性地提供解决方案的专业律师，特别是帮助客户决策的高层次的律师，会自带 IP 与流量，宣传推广只是锦上添花而已。

事实也证明，在瀛和只要有一根针捅破天的专业精神，每个人都能成为系统内的超级 IP，获得快速成长发展。瀛和打造的是一个森林系统，有小草、有灌木，也有栋梁之材。

先完成，后完美

塞缪尔·约翰逊说，我们一直推迟我们知道最终无法逃避的事情，这样的蠢行是一个普遍的人性弱点，它或多或少都盘踞在每个人的心灵之中。

在初期创业过程中，我们也体会到完成比完美更有必要。由于律师的思维模式偏向周全完美甚至保守，所以，往往事前的筹划拖延较久，但容易贻误战机。

其实，只有在实践中，我们的认识才会加深，在干中学，学中干，是校正与调整自己最快的方式。不要追求永恒不变的正确，要允许犯错，不拖延，勇行动，先要以最快的速度将框架初步完成。

瀛和长春的孟军主任，2019 年用了不到 100 天完成了律所的核名、装修、核心团队搭建并开业，用了不到 300 天完成了 50 人的团队规模。孟主任就是先完成后完美的代表，他说如果不是抢得先机，当地最高办公位置就被其他律所拿下了。

先打样，后复制

光说不练，就是耍"嘴炮"，要马上行动。但是，做任何事情，都要打好样板，做好模型，这在数理逻辑里叫"建模"。

在中国的革命与改革开放史上，"建模"思想早就成为中国共产党惯用的智慧，在一个特定区域内先行先试，建立根据地或者试验区，一旦成功，再加以推广，星星之火可以燎原，这个不用赘述，读者都明白。

建模打样，主要原因是，人是"有限理性"的动物，生理方面固有的计算和推理能力不足以面对纷繁多样的新情境、新困难。只有在实践中，才能不断获取真知，不断验证产品理论。

数字瀛和的发展就是从上海瀛东律师事务所这一样板的打样开始的，这家离中共一大会址不足两公里的律所，无论是产权结构、团队建设、品牌打造，还是装修标准，都是通过创始合伙人共同努力完成的，最终打造出一家初具品质的旗舰所，从而为在全国快速复制发展奠定了基础。

榜样的力量是无穷的，瀛和成员所很多都是从零起步，创始人秉持开放的学习精神，不断在全国走动交流中，取长补短，拥有了后发优势。

先场景，后产品

近几年互联网行业多用"场景"一词泛指企业服务客户的界面，即在什么时间、什么地点，以什么方式接触客户并提供服务，从而能够提供客户所需要的价值。

2019年年中，我受邀访问了阿里云企业服务的相关负责人，其中负责商标注册的是一位从商标创业平台挖来的律师，据他介绍，他凭一人之力在后台数据支持下，开发了年入几千万元的商标自助注册产品 tm.aliyun.com。

在他们看来，阿里云有 9000 万中小企业客户可以借阿里平台触达，有商标导流的场景在，任何产品化的服务都有机会巨量变现。

这一点很令我震撼，设计一款相对完美的标准化、流程化法律服务产品，只要下功夫已不是难事，但我们与阿里差的是几千万中小企业的用户场景。

其实，在"法律＋科技"的创业领域，如果让我排优先次序，一定是：场景、产品、技术。相对于产品来讲，能用于法律行业的技术，已经成为其他行业的标配。所以，创业者的路径，个人拙见一定是从场景切入，即在什么场景下有效解决客户的痛点与难点，然后再设匹配的产品，最后找到技术实现落地。

数字瀛和生态在场景、产品、技术融合方面，做了六年的尝试，基于场景，创造了法大大、Kindle Law、原创宝、为安金融等几个线上与线下相融合的 B 端服务产品。虽然创业中也有跌跌撞撞，但核心的结论是运维能力是硬核竞争力，在场景、产品、技术三个维度不断突破非对称性、非均衡性，坚持至今。

先一线，后二、三线

谋求在全国布局的律所，一定要在北、上、广、深四个城市重兵布局，从北向南。历史证明，总部所在地直接影响一家律所在全国的势能。

北京与上海，具有面向全国不可替代的市场地位，无论是政经、渠道、人才还是服务能力，都具备全国各地律所不具备的优势，但市场资源下沉到二、三线城市，仍然拥有巨大的市场机会，于是有律所提出"本土资源、全球智慧"就是指做好一线城市，赋能全国二、三线城市的律所发展。

要想做全国性平台，北京是龙头，务必要做好，上、广、深是龙身与龙尾，这四个城市做好，布局之战结束了一多半。近年崛起的杭州、成都、重庆、武汉、南京、郑州、西安、沈阳等战略城市，则是龙骨与龙脉。

80 多年前，知名学者胡焕庸为中国经济与人口画下一条线"胡焕庸线"，也叫"黑河—腾冲线"，这条线东南贡献了 90% 的 GDP 与人口，中国律师行业也是这种差序格局，至今未变。

结语

以上就是从我个人出发所体会的瀛和创业方法论，不代表团队观点，且历史证明不一定是正确的道路，但一定是遵循了主体对规律的理性思考，即使错了又如何？我一直为一句话所激励，是阿尔贝·加缪说的：对未来的真正慷慨，是把一切都献给现在。

我们正处在百年未有之大变局之中，躬身入局，不负韶华，不愧于时代。

律师服务费报价的 24 个要点

关于律师服务费报价的 24 点心得体会，路径是什么？真诚本身就是道路。具体要点如表 1 所示。

表 1　律师服务费报价得 24 个要点

项目	关键词	内容描述	备注
1	报价	报价是所有交易的核心环节。没有谈不成的买卖，只有谈不拢的价格。报价是律师特别是青年律师的痛点。	报价的核心就是解决客户期待与价格的张力。
2	痛点	1.法律服务无形化，过程即服务，体验即服务，交付后不可退货； 2.客户与律师间在价格感知与价值感上永远有差异； 3.行业市场的竞争充分，行业低价竞争恶化。	
3	报价原则	1.专业化；2 合法性；3.透明化；4.公平性。	这是基础性交易原则。
4	专业化	专业为王，报价高低必须以解决客户的问题为旨归。	
5	合法性	要符合律师法与律协关于收费的规定。	还牵涉执业风险。
6	透明化	应有明确、公开的收费标准：标的额、工作量。	有律所也要展示自己的标准。
7	公平性	客户支付的律师费与获得的价值感要匹配。	确信感、获得感。
8	流程化	报价只是法律服务流程中的一个环节，无方案则不报价，一整套法律服务方案要附在报价之后。	

项目	关键词	内容描述	备注
9	可视化	可视化也是产品化的核心特征，无形服务有形化。整个服务过程与服务环节都以让客户看得见的方式感知。	PPT、Excel 等报表使服务有形化。
10	推荐人	交由与当事人具有信任度的人报价。一是可以避免承办律师直接报价后没有回旋余地；二是律师业务主要靠渠道人推荐或者熟人推荐，推荐人的话可信。	报价决策上交或由律所或团队负责人协助报价。
11	差异化定价	根据服务事项、难易程度与承办人资质，制作不同的方案进行报价。	
12	客户选择权	稍复杂的案件，原则上有 2 至 3 个报价方案，比如固定收费与风险代理。记住把选择权交给客户，客户才有操控感。	事实证明很有效。
13	锚定效应	展示较高的报价，收取相对低的价格，客户满意度高。	可以展示之前类似服务案例的收费。
14	高体验度	价格没有绝对高与低，只有客户体验优与劣。高收费就要提供强满意度、高体验度的服务。这是经济学里"价格歧视"的核心内涵，所有外在服务都围绕着"让客户感觉值"。	想想头等舱的价格与服务。
15	功夫在诗外	报价前，从洽谈准备、倾听案情、梳理事实、概括分析到做出专业判断，都要闪耀专业智慧，让客户满意。	要辅以可视化，倾听在判断之前。
16	客户即渠道	记住为有些客户服务不是为了赚钱，而是为了其渠道本身。向案源分发角色，少收费或让客户象征性支付。	这时需要团队不在乎一城一池得失。
17	案例值千金	有些经典性的创新性的案例，就更不计较代理费。	律师的数据与案例时代到来。
18	交易场景	尽量在律所的商务环境里完成洽谈与交流。	创造居家体验。
19	优惠报价	消费心理学：客户不是贪便宜，而是喜欢占"便宜"。一定给客户调整的空间，这是自由选择权的应有之义。	想想"双 11"的活动。想想店员为什么喜欢搭赠小物件。

续表

项目	关键词	内容描述	备注
20	支付方式	可以按阶段、按时间进度，风险大的可以风险代理。但谨慎全风险代理，因为这意味着客户对律师的工作价值认知度不高，除非客户经济上暂时有困难。	
21	TPF 付费模式	The Third Part fund（第三方资助）在欧美非常时兴，简单说就是诉讼风投，中国可以适当借鉴。参见文章《诉讼垫资是什么东东》。	为安金融、帮瀛等机构在中国推动。
22	报价专岗	有律所或团队设计兼职的报价与收费专岗，挺有必要，因为有些机构客户的决策者并不亲自盯工作流程，而是交由财务部或者法务部助理，律所可以匹配对等人员。	既可流程化管控，又可以把烦琐低价的转移。
23	避免收费纠纷	律师最值钱的是专业、精力与时间，碰到不讲诚信的客户，要及时止损，尽量不在费用上纠葛，除非客户极不尊重团队劳动成果。	
24	四点感悟	1. 有腔调但不要过分承诺、自吹自擂； 2. 有方案但要有可视化、可感知的方式； 3. 讲策略但切记真诚与诚信就是道路； 4. 讲体验但能解决复杂问题是硬道理。	

知识型行业要容忍"独狼"

北京之所以让人喜欢、留恋，不是因为它生活多么宜居、市民多么文明、政府多么开明，而是在这里你可以碰到一些不断激荡你思路的各行卓越人才。以下是我在北京的几点感受与收获。

从成事的人中选人

最近几个团队在招募人才，请我把关。我特别注重听他们分享具体的做成过事的经历与总结的经验，有时一聊就三五个小时，甚至一整天都跟他们待在一起，还要一起吃两顿饭。

我的感受有两个，一是曾国藩讲的言谈看条理，一个人的底层操作系统，基本上可以从他的言语中窥探大部分内容，一定要重视结构化面试。二是你要相信一个基本概率，一个人如果中年时优秀，那么他年轻时也差不了，一定超出大部分同龄人。所以，我特别看重他在 35 岁之前做成过什么项目，有什么令他骄傲的业绩可以分享，哪怕是小成之事，也可以窥探一个人的格局、思维、认知、能力与品格。

有一个外地的律所主任刚刚加盟北京办公室，就被我说服筹建一个 50 人的业务团队。一般大家会认为，一个在北京没有资源的合伙人，会面临很大的失败，当我说这位合伙人用时五年就从零开始做了一家本省第二大规模的230 名律师团队时，大家的疑惑就被部分消解了。

智慧的坚持才是勇气

瀛和跑团请长跑健将李战哲先生来单位分享《健康跑到 90 岁的秘诀》。他是第一位完成全球六大满贯的中国业余选手，是全运会、亚运会与奥运会的火炬手，从 13 岁业余跑步，至今 70 周岁，已经有 57 年的跑龄，令人钦佩不已。

在李老师分享跑步的故事中，讲述了热爱与坚持的关系、平衡生活工作与跑步的关系。但是他更打动我的是，在他年轻时代表北京市参加在上海举办的全运会，在 35 公里处觉察身体状态不对，及时停下来，改为慢走 500 米，等身体恢复后再跑到终点。

联想前段时间，某企业大佬在酒后坚持跑步，结果不幸猝死，令人惋惜。所以，我想在坚持前面加一个词，叫"智慧"，而不是傻傻地坚持。

有时，坚持是品质，勇敢放弃更难能可贵。

继续增强本质性思考的能力

本质性思考就是从第一性原理与规律来思考问题，要从源头发现问题，看透事物的根本属性，增强对世界普遍性联系的认知能力。

比如说，减肥的本质是控制饮食吗？它的本质在于能量"输出"要大于"输入"。比如商业运营的本质是提高效率、降低成本。

影响我们本质性思考的主要原因是，因果关系的多样性导致问题复杂化，让我们无法穿破迷雾。还有经验等方面的原因，导致我们无法参透事物运行的底层逻辑。

我在厦门遇到一个企业家朋友，他说起自己 20 世纪 90 年代卖音乐光碟的事，他的光碟比隔壁商家卖得贵一倍，还能顾客盈门，是因为他抓住了音乐是听觉艺术的本质，就从香港淘得可以震撼全街的二手外放音箱，给要买碟的顾客试听。如今，他已有亿万家财，他说是因为自己有商业本质性思考的能力。

要有从密不透风的琐事中抽身的能力

在厦门战略会议上，有人问我，为什么看你天南地北地忙，分身京沪两地办公室，还能长期坚持读书、写作与跑步？你如何平衡好工作与生活？让我分享时间管理的秘诀。

我认真思考了一下，工作与生活是很难平衡的，大部分人的两者是相互制衡的，此长彼消，峰谷相连，因为一个人一天就 24 小时，一年就 360 多天。

时间管理，除了将事情分为轻重缓急外，还要学会授权，将价值递减的事件有效交办给下属，或者干脆外包。

另外，我的一个心得就是，你要有雷打不动的 MOT 时刻。这个时刻是永远保留下来的，没有特殊情况，是雷打不动的时间留存。比如，可以是每天早上醒来第一时间起床，或者是每周三次固定时间的锻炼，或者是不错过孩子的生日、结婚纪念日、春节与父母团圆，等等。

人到中年继续增强深度关系链接

最近与核心合伙人有一种共同感受，曾经有相同势能的老兄弟姐妹、朋友、合作伙伴，兜兜转转又走到了一起，而自己着力培养的团队，却流失的流失、淘汰的淘汰。

我曾经在一篇文章里说过，人生啊，就是不断在辜负与被辜负中前行，年轻时是勇猛的人生、试错的人生，容易辜负别人，头都不回。而在中年时，容易被辜负，因为你的资源与能量是阶段性的匹配，年轻人把你当成阶梯与铺路石，从另一个角度看也是好事，代表着年轻人的成长。

当你被辜负了，可能恰恰代表你的势能与格局更大，辜负你的人其实更可怜。无论是哪种情形，我们都要学会向我们辜负过的人致歉，因为我们的偏狭没能好好说再见，也希望辜负过我们的人卸下包袱，轻装上阵，江湖可再见。

说句鸡汤的话，人到中年，您得看明白，朋友是老的好，酒是陈的香。朋友一般是在最美好的年龄相遇，越老越好，朋友之间相处得越久感情越深，彼此优缺点了然于心，身体心灵都契合，才能陪彼此走到最后。

打好样板试点再复制

之前很多工作上的错误，就是因为工作方法与思路的问题，只是完成了逻辑与理论的论证，或者用类比思维学习竞品做法，在没亲身验证成果的情形下，就着急规模扩大化。这种工作方式，给原有的工作秩序带来了很大伤害，也影响了团队士气。

瀛和在平台推行"以高级合伙人为核心，以专业部门为特征"的律所新型管理体系，旨在提升律所内部管理效能，增进律师内部交流合作，打造有专业竞争力的团队。

一方面广泛听取合伙人、资深律师、青年律师意见建议，借鉴行业内优秀律所的先进管理经验，结合律所现在所处的发展阶段及面临的发展问题；另一方面，考虑到减少对现有管理体制的冲击，降低试错成本，提出打造股份制律所，有试点、有步骤地逐步稳妥发展改革目标。前期只开放了合规、金融、财富传承、不良资产、行政业务五个部门，旨在成熟一个打造一个。

最早接触这一工作方法，是从孙陶然先生的《创业三十六条军规》里，他讲做成事的 16 个字原则："先问目的，再做推演，亲手打样，及时复盘。"具体内容在我的个人公众号文章《成功人士都会践行的方法论》中有系统阐述。

如何看待知识型行业中的"独狼"？

传统观点认为，在一个强调狼性团结文化的组织中，是没有"独狼"的位置的。但是互联网时代"超级个体"的横空出世，让我们看到一个人想要成功，可以不依附于一家公司一个团队，而是一个人成为一个团队，"个人"成为一家极具商业价值的公司和企业。

在 B 站上，罗翔一个人的流量能超过其他所有法学精英在 B 站总的传播影响力。这就是 IP 创意时代，知识变现的路径越来越直接，越来越有虹吸效应。

有一个行业观察者跟我讲，你们单位有一个行业咖位靠前的合伙人，好像独来独往，与你们黏性不强，也没有在平台形成团队。我说那我很庆幸，作为超级个体式的人物，我要考虑我能为他做什么，而不会强迫他对平台做什么。

因为人家是 U 盘式智慧生存，不依赖于平台就过得非常好，我还有什么执念？只要他个人与平台没有根本分歧与利益冲突，我倒没有非让他带团队的意愿，虽然这并不符合平台团队主流。

另外，在关于平台未来战略的讨论中，我们得出结论，未来的全国布局，不能实现产权与管理一体化，就很难实现业务、品牌、团队的真正一体化，这也是从华住集团案例《未尽之美》中学习到的，所以，我提出，未来全国布局的发展方向，就是直投直管与共投共管相结合的发展道路。

图书在版编目(CIP)数据

运营驱动：律所发展与律师成长 / 董冬冬著. ——

北京：中国法制出版社，2023.12

ISBN 978-7-5216-3994-0

Ⅰ.①运… Ⅱ.①董… Ⅲ.①律师事务所—管理—研

究—中国 Ⅳ.①D926.54

中国国家版本馆CIP数据核字（2023）第225390号

策划编辑：赵 宏

责任编辑：王 悦（wangyuefzs@163.com） 封面设计：汪要军

运营驱动：律所发展与律师成长
YUNYING QUDONG: LÜSUO FAZHAN YU LÜSHI CHENGZHANG

著者 / 董冬冬

经销 / 新华书店

印刷 / 三河市紫恒印装有限公司

开本 / 710毫米×1000毫米 16开 印张 / 18.5 字数 / 270千

版次 / 2023年12月第1版 2023年12月第1次印刷

中国法制出版社出版

书号ISBN 978-7-5216-3994-0 定价：69.00元

北京市西城区西便门西里甲16号西便门办公区

邮政编码：100053 传真：010-63141600

网址：http://www.zgfzs.com 编辑部电话：010-63141831

市场营销部电话：010-63141612 印务部电话：010-63141606

（如有印装质量问题，请与本社印务部联系。）